Los Dones del Espíritu

Los Dones del Espíritu

W. T. PURKISER

cnp

CASA NAZARENA DE PUBLICACIONES
Kansas City, Missouri, U.S.A.

ISBN 978-1-56344-729-7

Publicado por
Casa Nazarena de Publicaciones
17001 Prairie Star Parkway
Lenexa, Kansas 66220 USA

Reimpresión, 2012

Traductor: Loida B. de Dunn

Originalmente publicado en inglés con el título:
   The Gifts of the Spirit
   By Westlake T. Purkiser
   Copyright © 1975
   Published by Beacon Hill Press of Kansas City
   A division of Nazarene Publishing House
   Kansas City, Missouri 64109 USA

   This edition published by arrangement with
   Nazarene Publishing House.
   All rights reserved.

Prólogo

Esta pequeña obra es una ampliación de un capítulo del libro del mismo autor titulado *God's Spirit in Today's World*. Se ofrece en esta forma debido al interés general que notamos en un estudio a fondo acerca de los dones del Espíritu con respecto a la vida y al servicio del cristiano.

Si le damos gran atención a los dones, sería un error grave considerarlos sin tomar en cuenta su relación con el fruto del Espíritu. Abordaremos este tema en el capítulo final. Ningún cristiano está obligado *a escoger*, pues el Espíritu Santo da los dones al igual que las gracias. Mas si el cristiano que no emplea sus dones es casi enteramente inútil, sería una contradicción el ser cristiano y carecer del fruto del Espíritu. "Yo soy la vid verdadera, y mi Padre es el labrador. Todo pámpano que en mí no lleva fruto, lo quitará; y todo aquel que lleva fruto, lo limpiará, para que lleve más fruto" (Juan 15:1-2).

Siempre que se estudian los dones se corre el peligro de olvidar al Dador de los dones. Cuando busquemos a Dios por El mismo, y no tan sólo por sus dones, será más posible que obtengamos ambos. Si buscamos solamente sus dones es probable que no encontremos ni al Dador ni sus dones. Lo dijo muy bien Tomás de Kempis: "El amante sabio no estima tanto la dádiva de su amante como estima el amor del amante. Estima más el amor que la dádiva."[1]

Por esta razón estudiaremos primero "El Dador Mismo como el Don". En la presencia y la plenitud del Santo Espíritu se encuentra aquel requisito para la vida y el servicio que El tiene para cada uno de nosotros.

—W. T. Purkiser

El Dador Mismo como Don

El Santo Espíritu es tanto la Dádiva como el Dador. Tenemos que conocerle como Dádiva antes que podamos conocerle como el Dador de los dones.

I. LA FUNCIÓN DEL ESPÍRITU EN LA CONVERSIÓN

Todo lo que Dios hace por nosotros al salvarnos lo recibimos directamente por la mediación del Espíritu Santo. Daniel Steele lo describe como el "Ejecutivo de la Divinidad". De la misma manera como los decretos de un gobierno alcanzan y afectan al ciudadano particular por medio del funcionario ejecutivo, todo lo que nos viene de Dios en Cristo llega a nosotros por medio del Espíritu.[1]

1. El Espíritu Santo convence de pecado

En el corazón humano existe una conciencia natural que protesta cuando la persona hace algo que considera reprensible. Muchas de nuestras ideas acerca de lo bueno o lo malo se forman como resultado de las instrucciones de padres o maestros. Pero dentro de las intuiciones morales está siempre la "luz verdadera, que alumbra a todo hombre . . ." (Juan 1:9), traída a nosotros en forma de gracia previniente por el espíritu de Cristo. El es la "conciencia cósmica"; esa fuente no reconocida de toda la moralidad humana: Cristo, presente anónimamente en la conciencia moral.

7

Si bien es posible que una conciencia culpable conduzca a alguien a buscar alivio en la religión, sólo el Espíritu Santo obra un verdadero despertamiento que nos hace ver la necesidad que tenemos de Cristo. El Espíritu nos convence de pecado, de rectitud y de juicio, tal como Jesús dijo que lo haría:

> Y cuando él venga, convencerá al mundo de pecado, de justicia y de juicio. De pecado, por cuanto no creen en mí; de justicia, por cuanto voy al Padre, y no me veréis más; y de juicio, por cuanto el príncipe de este mundo ha sido ya juzgado (Juan 16:8-11).

Lo pecaminoso del pecado aparece a la luz de su pureza; lo atractivo de la rectitud aparece a la luz de su amor; a la luz de su santidad nos damos cuenta de que el juicio es inevitable.

2. El Espíritu Santo nos lleva a Cristo

"Y el Espíritu . . . dicen: Ven" (Apocalipsis 22:17). Sin esa invitación no podríamos ni querríamos venir. La influencia atrayente del Padre, sin la cual nadie puede venir al Salvador, es el imán del Espíritu Santo. "Ninguno puede venir a mí, si el Padre que me envió no le trajere . . ." (Juan 6:44).

3. La conversión significa "nacer del Espíritu"

Lo que los teólogos llaman "regeneración" significa "ser renacido" o "nacer de nuevo". Jesús le dice a Nicodemo, miembro muy religioso del Sanedrín: "De cierto, de cierto te digo, que el que no naciere de agua y del Espíritu, no puede entrar en el reino de Dios. Lo que es nacido de la carne, carne es; y lo que es nacido del Espíritu, espíritu es. No te maravilles de que te dije: Os es necesario nacer de nuevo. El viento sopla de donde quiere, y oyes su sonido; mas ni sabes de dónde viene, ni a dónde va; así es todo aquel que es nacido del Espíritu" (Juan 3:5-8).

En términos un tanto diferentes, Pablo hace eco a esta

verdad: "Nos salvó, no por obras de justicia que nosotros hubiéramos hecho, sino por su misericordia, por el lavamiento de la regeneración y por la renovación en el Espíritu Santo, el cual derramó en nosotros abundantemente por Jesucristo nuestro Salvador, para que justificados por su gracia, viniésemos a ser herederos conforme a la esperanza de la vida eterna" (Tito 3:5-7).

4. El Espíritu nos da testimonio acerca de esta vida nueva

La confianza del cristiano no es el resultado de vanos deseos ni tampoco es tan sólo una conclusión lógica. "Porque todos los que son guiados por el Espíritu de Dios, éstos son hijos de Dios. Pues no habéis recibido el espíritu de esclavitud para estar otra vez en temor, sino que habéis recibido el espíritu de adopción, por el cual clamamos: ¡Abba, Padre! El Espíritu mismo da testimonio a nuestro espíritu, de que somos hijos de Dios. Y si hijos, también herederos; herederos de Dios y coherederos con Cristo, si es que padecemos juntamente con él, para que juntamente con él seamos glorificados" (Romanos 8:14-17).

El testimonio del Espíritu no se percibe como una emoción, aunque puede resultar en una profunda paz y gran gozo. Es más bien un profundo y arraigado convencimiento (que surge con mayor fuerza que cualquier intuición) de que Dios ha hecho lo que ha prometido. Es por esta confianza que podemos llamarle "Padre nuestro" a Dios, sabiendo que su gracia nos ha justificado y nos ha hecho sus hijos.

Está claro, entonces, que no nos encontramos por primera vez con el Santo Espíritu en una segunda crisis, o en su bautismo. Todo aquel que ya es cristiano en el sentido del Nuevo Testamento, ha sido conducido al Salvador y hecho una criatura nueva en Cristo, por medio de la operación activa del Santo Espíritu. Pablo pudo decir con certeza absoluta: ". . . si alguno no tiene el Espíritu de Cristo, no es de él" (Romanos 8:9).

II. El Espíritu como Dádiva de Cristo y del Padre

La Biblia nos enseña que el Espíritu Santo es el mediador de toda gracia salvadora, pero también indica que hay un "don del Espíritu" o sea una dádiva, o bautismo con el Espíritu que se ofrece a aquellos que ya pertenecen a la comunidad de creyentes. Si no estudiamos cuidadosamente la terminología del Nuevo Testamento, podemos confundirnos en cuanto a este punto.

Algunas personas no logran distinguir entre el acto de impartir el Espíritu en la regeneración, y la recepción del Espíritu como don de Cristo para su iglesia. Pero es menester hacer tal distinción para comprender el orden de lo que ocurre en la salvación. Uno necesita "tener" al Espíritu antes de que el Espíritu realmente lo posea a uno. Uno necesita nacer del Espíritu antes de ser bautizado o lleno del Espíritu. El Espíritu llega a constituirse en el Señor santificador únicamente de quienes ya ha regenerado (2 Corintios 3:17-18).

La primera vez que Jesús prometió el Espíritu Santo, lo presentó como el don del Padre a sus hijos: "Pues si vosotros, (usa la palabra griega, *poneros*, que significa no sólo moralmente malos sino también sujetos a trabajos, dolores y tristezas) sabéis dar buenas dádivas a vuestros hijos, ¿cuánto más vuestro Padre celestial dará el Espíritu Santo a los que se lo pidan?" (Lucas 11:13).

La promesa es más explícita en Juan 14:15-17: "Si me amáis, guardad mis mandamientos. Y yo rogaré al Padre, y os dará otro Consolador, para que esté con vosotros para siempre: el Espíritu de verdad, al cual el mundo no puede recibir, porque no le ve, ni le conoce; pero vosotros le conocéis, porque mora con vosotros, y estará en vosotros."

El don del Padre del Espíritu Santo es enviado a nosotros por el Señor ascendido, y por lo tanto es una dádiva divina. En términos teológicos, El "procede del Padre y del Hijo" (véase Juan 15:26; 16:7).

Es cierto que estas promesas hacen referencia inmediata al primer Pentecostés cristiano en Jerusalén, que es relatado en Los Hechos 2. Pero es bastante evidente que esas promesas son tanto para hoy como históricas. Cuando Jesús oró, dijo: "Mas no ruego solamente por éstos, sino también por los que han de creer en mí por la palabra de ellos" (Juan 17:20), lo que incluye a todo cristiano desde la época apostólica hasta el presente.

La promesa que se da en Juan 14:15-17 es bastante explícita. Fue hecha a los que aman a Cristo y guardan sus mandamientos. Aun cuando el Espíritu tiene la misión de convencer y regenerar al mundo, "los del mundo no lo pueden recibir". Sólo aquellos que "lo ven" y "lo conocen" se encuentran en condición de "recibirle".

Además, Jesús les dijo a aquellos a quienes se les "daría" el Espíritu, que "El está *con* vosotros y se quedará siempre *en* vosotros". Los vocablos *con* y *en* no tienen el mismo sentido espacial de "fuera de" y "dentro de", pues el verso anterior dice que la presencia del Espíritu estará "con ustedes para siempre", y en el verso 23 Jesús señala el cumplimiento de la promesa: ". . . el que me ama, mi palabra guardará; y mi Padre le amará, y vendremos a él, y haremos morada *con* él" (las cursivas son del autor).

La cuestión principal no es, por tanto, que Alguien que ha estado rondando afuera ahora entre. Tampoco se trata de tener, como se ha dicho a veces, "parte" del Espíritu antes al ser regenerados y su totalidad después, al recibir el bautismo. Puesto que es Persona, el Espíritu Santo es indivisible y todo lo que hace por nosotros lo hace en nuestro interior.

El punto esencial es más que nada *lo que hace* por nosotros el Espíritu que mora: regenerándonos en su primera obra de gracia y santificándonos completamente al llenarnos como el don divino en la segunda obra (1 Tesalonicenses 5:23-24). El Espíritu regenerador llega a ser nuestro Señor santificador. Los que han sido "nacidos del Espíritu" son "llenos de", o "bautizados con" el Espíritu.

Jesús dice además que "el don que mi Padre prometió"

es el bautismo con el Espíritu del que Juan había hablado. "Y estando juntos, les mandó que no se fueran de Jerusalén, sino que esperasen la promesa del Padre, la cual, les dijo, oísteis de mí. Porque Juan ciertamente bautizó con agua, mas vosotros seréis bautizados con el Espíritu Santo dentro de no muchos días" (Hechos 1:4-5).

Cuando descendió el Espíritu prometido, en el primer Pentecostés, no llenó a los 3.000 que se convirtieron ese día. Les convenció de pecado por medio del testimonio de Pedro y de los demás. Bautizó o llenó tan sólo a aquellos que cumplían los requisitos que Jesús había establecido con anterioridad: los que le amaban y guardaban sus mandamientos, que no eran del mundo, con quienes moraba el Espíritu, y que le conocían en su poder regenerador.

Cuando la multitud preguntó ansiosa: "Varones hermanos, ¿qué haremos?" Pedro les contestó: "Arrepentíos, y bautícese cada uno de vosotros en el nombre de Jesucristo para perdón de los pecados: y recibiréis el don del Espíritu Santo" (Hechos 2:37-38).

Los que arguyen que el arrepentimiento y el perdón de pecados equivalen a recibir el don del Santo Espíritu, no advierten la importancia que tiene en este punto el bautismo con agua. Aun cuando no es necesario que exista mucho tiempo entre las dos obras de gracia, y es probable que no haya sucedido así en el caso de los 3.000, el hecho de que cada uno debía reconocer públicamente, por medio del bautismo con agua su arrepentimiento y el perdón de sus pecados como condición previa para recibir el don del Espíritu Santo, demuestra la secuencia necesaria del orden en la salvación. El significado del verso 38 se expresa en esta traducción: "Arrepiéntanse", dijo Pedro, "y cada uno de ustedes bautícese en el nombre de Jesucristo para la remisión de sus pecados; entonces recibirán el don del Espíritu Santo."

Aunque en algunos casos hay algunas pequeñas ambigüedades, en cada caso que leemos en Hechos de personas que fueron llenas del Espíritu Santo, también se advierte una conversión previa o vida espiritual.

• Los que fueron llenos con el Espíritu en Hechos 4:31 eran cristianos que oraban.

• Los samaritanos creyeron y fueron bautizados (Hechos 8:12). Más tarde "recibieron el Espíritu Santo" (Hechos 8:14-17).

• Saulo de Tarso ya era el "hermano Pablo" cuando Ananías lo visitó mientras esperaba en oración y obediencia (Hechos 9:11, 17). El propósito de su visita era la restauración de la vista de Pablo y para que fuera "lleno del Espíritu Santo" (Hechos 9:17).

• Cornelio, hombre "piadoso y temeroso de Dios", y cuyas oraciones eran oídas en el cielo (Hechos 10:1-4), conocía el evangelio (Hechos 10:37) y no era un hombre inconverso típico. El Espíritu Santo vino sobre él y otros miembros de su familia mientras Pablo predicaba (Hechos 10:45), hecho que Pedro mismo compara con el Pentecostés (Hechos 11:15-16; 15:8-9).

• Las doce personas de Efeso eran "discípulos", nombre que comúnmente se aplica en el libro de Los Hechos a los cristianos creyentes (19:1; véase 11:26). Pablo aceptó la fe de ellos sin dudarla y los bautizó en el nombre de Cristo, dando evidente testimonio de fe que ya existía (19:5). Después de esto, "el Espíritu Santo vino sobre ellos" y así como el primer grupo de discípulos en Jerusalén 25 años antes, y los de la casa de Cornelio 15 años atrás, hablaron en otras lenguas —señal de que el evangelio había vuelto a trascender los límites de Palestina.

Es fácil confundirnos si usamos la misma palabra, *don*, para el Espíritu mismo y para los dones que El imparte a su pueblo. Los que leen el Nuevo Testamento en el original no tienen tal problema. Cuando se habla del Espíritu mismo como el Don, se usa la palabra *dorean*, término griego que significa precisamente lo que significa *don* o *regalo*. Por otro lado, como se verá en el capítulo siguiente, la palabra que se usa en griego para los muchos dones que el Dador le da al cristiano individual es *carismata*.

Vemos pues que el Dador es en sí el don del Padre y del Hijo para su pueblo. En cualquier nivel de la experiencia cristiana, los dones espirituales son, precisamente dones, y por ende, dados, pero es a aquellos que le permiten morar plenamente como su Señor santificador a quienes el Espíritu de Dios les da sus dones con mayor generosidad.

2

¿Qué Son los Dones Espirituales?

No hay nada en el servicio práctico cristiano que sea de mayor importancia que el reconocimiento y el uso de los dones del Espíritu. Aun cuando muchos cristianos han manifestado tenerlos y los han usado a través de los siglos, sólo en años recientes la iglesia ha puesto más atención en este aspecto del ministerio del Espíritu Santo.

Como ha sucedido con otros temas doctrinales, hemos llegado a reconocer la importancia de los dones espirituales debido a las confusiones y equivocaciones que han surgido respecto a ellos. Se ha dado tal importancia a ciertos dones, hasta rayar en un franco fanatismo. Empero, hay abundantes pasajes bíblicos que es menester estudiar y enseñar. Las tinieblas jamás han sido expulsadas por una paliza, sino por la entrada de la luz.

I. EL SIGNIFICADO DE CARISMATA

En el Nuevo Testamento hay una palabra que denota los dones espirituales; es *carismata*, de la que se deriva el adjetivo *carismático*. En el griego antiguo *caris* es la palabra que se utiliza para decir "gracia". En el griego clásico significaba "hermosura, encanto, atracción" y por extensión "favor, bondad", y en el caso del recipiente, "gratitud".

Cuando los escritores del Nuevo Testamento adoptaron la palabra *caris*, la emplearon para describir el amor espon-

15

táneo, hermoso y no merecido de Dios que obra por Cristo Jesús. *Caris* o "gracia" tal como dice A. M. Hunter, "significa en primer lugar, el amor gratuito y perdonador de Dios en Cristo para los pecadores, y en segundo, implica la operación de ese amor en la vida de los cristianos."[1]

Carisma, nombre sustantivo en forma singular que tiene sus raíces en *caris*, significa literalmente "don de gracia". Representa todas las dotaciones espirituales poseídas por los creyentes en varios grados y formas. Este sentido, por supuesto, se aleja bastante del uso popular de "carisma" para describir lo encantador, lo atractivo, o lo simpático de algún personaje público o alguna estrella del cine.

Carismata, la forma plural de *carisma* significa "dones de gracia". Las *carismata* se definen como "donaciones conferidas divinamente". "Carismático" describe a personas o movimientos que manifiestan y hacen hincapié en los dones de Dios por medio de su Santo Espíritu.

Las palabras *carisma* y *carismata* ocurren 17 veces en el Nuevo Testamento, 16 veces en los escritos del apóstol Pablo y una en 1 Pedro 4:10-11. La extensión de los dones de gracia es amplísima. Se identifican 20 habilidades o dones. Debe notarse, sin embargo, que esta lista no pretende de ninguna manera ser un catálogo completo de todas las maneras con que el Santo Espíritu capacita a su pueblo.

II. CLASES DE DONES

La lista que Pablo ofrece de los dones del Espíritu puede dividirse en dos grupos: "los dones generales" y "los dones de servicio".

1. Los dones generales

Según el uso que el Nuevo Testamento da al término, "carismático" puede aplicarse a todos los creyentes, porque hay dos *carismata* o dones conferidos a todos los que reciben a Cristo como su Salvador personal.

a. El primer don *(carisma)* es *la justificación*. Pablo

escribió en Romanos 5:15-16: "Pero el don *(carisma)* no fue como la transgresión; porque si por la transgresión de aquel uno murieron los muchos, abundaron mucho más para los muchos la gracia y el don *(carisma)* de Dios por la gracia de un hombre, Jesucristo. Y con el don no sucede como en el caso de aquel uno que pecó; porque ciertamente el juicio vino a causa de un solo pecado para condenación, pero el don vino a causa de muchas transgresiones para justificación." ¡Qué regalo espiritual más precioso el que Dios nos ha dado a todos: el perdón de nuestros pecados y la reconciliación para con Él!

b. El segundo don universal para los cristianos es *la vida eterna.* En Romanos 6:23 leemos: "Porque la paga del pecado es muerte, mas la dádiva *(carisma)* de Dios es vida eterna en Cristo Jesús Señor nuestro."

Estos son los dos dones indispensables. Si alguno carece de los dones de la justificación y la vida eterna, puede llamarse cristiano pero el hecho es que no pertenece a Cristo (véase Romanos 8:9). Pero Pablo menciona otros cuatro dones *(carismata)* generales adicionales.

c. El ministerio del Apóstol mismo, primero en forma personal y después por la palabra escrita, es un don espiritual. "Porque deseo veros, para comunicaros algún don *(carisma)* espiritual, a fin de que seáis confirmados" (Romanos 1:11).

d. Las *manifestaciones de la misericordia de Dios* para con su pueblo son dones *(carismata).* Con este punto de vista Pablo escribió: "Porque irrevocables son los dones *(carismata)* y el llamamiento de Dios" (Romanos 11:29).

e. Una cierta condición y circunstancia de la vida es presentada como una de las *carismata* en un don de Dios que se menciona en 1 Corintios 7:7: "Quisiera más bien que todos los hombres fueran como yo; pero cada uno tiene su propio don *(carismata)* de Dios, uno a la verdad de un modo, y otros de otro."

f. La oración contestada es un don *(carisma)* indispensable para la obra de Dios (2 Corintios 1:11).

2. Los dones para el servicio

Los dones para un servicio especial son los que generalmente describimos como regalos o dones espirituales. Estos han causado marcado interés en los últimos años y a eso obedece que dediquemos el resto de este libro a ellos.

III. Dones y Talentos para Servir

Los dones del Espíritu para el servicio son aquellas habilidades y capacidades que Dios da a su pueblo para que éste pueda servirle adecuadamente. H. Orton Wiley define así los dones espirituales: "Son los medios y los poderes divinamente ordenados, con los cuales Cristo dota a su iglesia para facilitarle la realización máxima de su tarea terrenal."[2]

"Los dones del Espíritu, entonces", escribe Wiley, "son dotaciones sobrenaturales para el servicio determinados por el tipo de servicio o el oficio que tiene que realizarse."[3]

Una de las más grandes denominaciones nombró una comisión especial para estudiar la obra del Espíritu Santo. Al terminar, informó que "las *carismata* pueden definirse como dotaciones y capacidades necesarias para la edificación y el servicio de la iglesia, ofrecidos por el Espíritu Santo a sus miembros, en virtud de los cuales, son fortalecidos para utilizar sus dotes naturales en el servicio de la iglesia, o son provistos de nuevas habilidades o poderes para este propósito."[4]

Es necesario distinguir entre los dones del Espíritu Santo y los talentos naturales o los "dones" implícitos en el carácter o la personalidad del individuo, aunque sí existe una estrecha relación entre ellos. Los dones espirituales funcionan a través de las facultades naturales, porque el Espíritu Santo canaliza su poder vitalizante en los dones que nos da.

Aun cuando el Espíritu da los dones espirituales, el aprovechamiento práctico que hagamos de ellos está sujeto a su desarrollo. Es rarísimo que un don surja plenamente desarrollado. Es menester descubrir y desarrollar los dones espirituales, tal como lo hacemos con los naturales. En Romanos 12:6-8, Pablo indica que los dones deben utilizarse conscientemente "según la gracia que nos es dada . . . conforme a la medida de la fe . . . con liberalidad . . . con solicitud . . . y *con alegría*". De la misma manera que los talentos naturales se perfeccionan y se mejoran por medio de la instrucción y la práctica, los dones espirituales adquieren mayor efectividad a medida que los vamos desarrollando por medio del uso fiel de ellos.

Los verdaderos dones espirituales difieren de los talentos naturales porque éstos últimos pueden ser desarrollados y utilizados únicamente para la satisfacción propia. Pueden ser sumamente egoístas. Los dones del Espíritu en cambio están relacionados con "la vida corporal" de la iglesia.[5] Representan la contribución individual de cada cristiano a la vida de la comunidad cristiana a la que pertenece.

Esto no quiere decir que los dones espirituales no sean una fuente de profunda satisfacción para el individuo. Además de que contribuyen al bien y la vida corporal de la iglesia, la mayordomía correcta de los dones espirituales tiene un efecto en quien posee los dones. El creyente que utiliza sus dones no sólo sirve de bendición a otros, sino que él mismo es bendecido.

Así como el uso de los talentos naturales es una fuente de máxima satisfacción, el descubrimiento y el uso de los dones espirituales es una fuente de abundante y profundo gozo. El corazón cristiano siente la más grande satisfacción al desarrollar sus dones, en cooperación con el Espíritu Santo para ser usado por Dios.

IV. Todos los Cristianos Tienen Dones

Además de los dones generales *(carismata)* de la justificación y la vida eterna (Romanos 5:15-16; 6:23), cada cristiano tiene cuando menos un don para servicio. Esto es lo que Pablo y Pedro declaran. Pablo dice de los miembros individuales de la iglesia: "De manera que, teniendo diferentes dones, según la gracia que nos es dada" (Romanos 12:6) y añade: "Pero a cada uno le es dada la manifestación del

Espíritu para provecho" (1 Corintios 12:7). Prosigue diciendo, "cada uno según el don que ha recibido, minístrelo a los otros, como buenos administradores de la multiforme gracia de Dios" (1 Pedro 4:10).

Dondequiera que haya cristianos ociosos en la obra del cuerpo de Cristo —la iglesia— es porque no han descubierto ni usado sus dones espirituales. No hay creyente que carezca por lo menos de un don para servicio. Esto constituye una parte de ser cristiano en el sentido del Nuevo Testamento.

Por otro lado hay que declarar que siempre que hay una tarea importante en la iglesia local sin hacerse, eso significa que alguna persona no está usando los dones que Dios le ha dado. La iglesia en general sufre hoy un serio "problema de desempleo". No es que demasiada gente busque trabajo, sino que hay demasiado trabajo en espera de gente que lo haga. En dondequiera que se encuentre este problema, tanto la iglesia como sus miembros individuales están empobrecidos y raquíticos.

Una clara implicación de Romanos 12:3-8 y 1 Corintios 12:12-26 (en donde vemos los dones en el contexto de la vida del cuerpo), es que cada congregación local cuenta con suficientes personas con los dones necesarios para llevar a cabo todo lo que le corresponde hacer en el reino de Dios. Cada función real del cuerpo de Cristo tiene su miembro correspondiente para ejecutarla, y cada miembro tiene una tarea que desempeñar.

Uno de los grandes problemas de la iglesia en todas partes es que hay un gran número de creyentes cuyos dones espirituales están latentes, sin ser reconocidos, o sin ser usados. Los dones, tal como los talentos, pueden permanecer enterrados por años —listos a surgir en cuanto se manifiesten nuevas necesidades. Es tan importante descubrir y desarrollar los dones espirituales como los talentos naturales. La iglesia nunca llegará a estar completa ni a ser adecuada hasta que un número creciente de sus miembros desempeñen un papel más activo en la obra, por medio del uso de sus dones tan singulares y tan irreemplazables.

¿Cómo llegamos a descubrir nuestros dones espirituales? Por lo general de la misma manera en que descubrimos nuestros talentos naturales: por la satisfacción que sentimos al tratar de usarlos. La persona con talento para el canto hallará placer en cantar. El que tiene talento natural de líder encontrará su realización en el liderazgo.

Nuestros dones espirituales —como los talentos— muchas veces pueden ser advertidos por otra persona antes que nosotros nos demos cuenta que los poseemos. A menudo uno se siente llamado a cierta tarea, ya sea por Dios, o por algún líder de la iglesia, antes de reconocer en nosotros mismos los dones espirituales necesarios para esa tarea. Estos surgen al asumir determinadas responsabilidades.

Dios ofrece los dones por su Espíritu no para esperar la admiración de los demás, ni para que la persona sea ensalzada, sino para ser usados. Cada don lleva consigo la responsabilidad de su uso según la dirección de Dios.

El no tomar en cuenta los dones del Espíritu constituye un desprecio al Dador —cosa que ningún cristiano sincero quiere hacer. Por la iglesia, pero también para nuestra propia satisfacción en el servicio cristiano, es importante que descubramos y utilicemos los dones que el Espíritu Santo nos ha dado.

V. Los Principios de la Distribución de los Dones

En el capítulo doce de 1 Corintios, Pablo presenta tres principios que rigen la distribución de los dones especiales que el Espíritu da para que sirvamos a Dios.

1. Todos los dones espirituales se dan por su valor o provecho. La medida del valor de cualquier don está dado por el grado en que sirve para beneficio de toda la iglesia (1 Corintios 12:7; 14:6, 19). Aun cuando se ha sustentado que ciertos dones del Espíritu tienen valor especial para el individuo, éste no es el énfasis del Nuevo Testamento. *Todos* los dones espirituales tienen un solo propósito: edificar el cuerpo. En este sentido, todos son iguales. ''Pero a cada uno

le es dada la manifestación del Espíritu para provecho" (I Corintios 12:7).

Todos los dones tienen valor puesto que contribuyen a la vida corporal (de la iglesia), pero no todos son de igual valor. En 1 Corintios 12:31, Pablo nos dirige a procurar "los dones mejores". Es mucho mejor hablar a los hombres "para hacerlos crecer espiritualmente, para animarlos y para consolarlos" que hablar en una lengua extraña (1 Corintios 14:1-3). No hay don por grande que sea que pueda compararse con el valor excelente del amor, sin el cual todos los dones pierden su valor (1 Corintios 12:31—14:1).

2. Los diferentes dones se reparten de acuerdo con la voluntad soberana del Espíritu Santo (Romanos 12:6; 1 Corintios 12:11-18, 28, 30). Existe una estrecha relación entre los dones y las responsabilidades encomendadas a cada creyente. Mientras que cada cristiano tiene por lo menos un don, no todos tenemos el mismo don ni debemos esperar tenerlos todos. Por esta razón, ninguno de los dones, por bueno o fenomenal que parezca, puede aceptarse como evidencia del bautismo con el Espíritu, ni siquiera como evidencia de la espiritualidad en grado alguno. Es posible que cristianos inmaduros y hasta carnales posean abundancia de dones espirituales (1 Corintios 1:7; 3:1-3; etc.).

En relación a esto, Pablo hace especial hincapié en 1 Corintios 12:29-30. La forma de la oración en el Nuevo Testamento griego requiere una respuesta de "no" a cada pregunta. "¿Son todos apóstoles? ¿son todos profetas? ¿todos maestros? ¿hacen todos milagros? ¿tienen todos dones de sanidad? ¿hablan todos lenguas? ¿interpretan todos?" Tal vez la mejor traducción fuera la siguiente:

"No todos son apóstoles, ¿verdad?
No todos son profetas, ¿verdad?
No todos son maestros, ¿verdad?
No todos hacen milagros, ¿verdad?
No todos tienen dones de sanidad, ¿verdad?

No todos hablan en lenguas, ¿verdad?
No todos interpretan, ¿verdad?"

La única respuesta posible es: "No."

3. La variedad de los dones espirituales tiene el propósito de unir y no de dividir a la iglesia (1 Corintios 12:14-27).
Las personas con diferentes capacidades se necesitan mutua-
mente para complementar la vida de toda la iglesia. La notable comparación que hace Pablo de la iglesia con el cuerpo de
Cristo presenta la verdad de su mensaje con inequívoca fuerza. Los dones son muchos, el Espíritu es uno. Los diferentes
miembros del cuerpo tienen una variedad de funciones, pero
el cuerpo es un organismo integrado. "Si todo el cuerpo fuese ojo, ¿dónde estaría el oído? Si todo fuese oído, ¿dónde
estaría el olfato? Mas ahora Dios ha colocado los miembros
cada uno de ellos en el cuerpo, como él quiso. Porque si todos
fueran un solo miembro, ¿dónde estaría el cuerpo? Pero
ahora son muchos los miembros, pero el cuerpo es uno solo.

"Ni el ojo puede decir a la mano: No te necesito, ni
tampoco la cabeza a los pies: No tengo necesidad de vosotros. Antes bien los miembros del cuerpo que parecen más
débiles, son los más necesarios; y a aquellos del cuerpo que
nos parecen menos dignos, a éstos vestimos más digna-
mente; y los que en nosotros son menos decorosos, se tratan
con más decoro. Porque los que en nosotros son más decorosos, no tienen necesidad; pero Dios ordenó el cuerpo, dando
más abundante honor al que le faltaba, para que no haya
desavenencia en el cuerpo, sino que los miembros todos se
preocupen los unos por los otros" (1 Corintios 12:17-25).

Sea cual fuere el significado que tengan las palabras de
Pablo respecto a la modestia con que tratar a las partes que
consideramos menos dignas, por analogía debemos recibir la
advertencia contra lo que llamaríamos exhibicionismo
respecto a cualquier don del Espíritu Santo.

La Lista en Romanos

El apóstol Pablo nos ofrece dos listas de dones especiales o dones para el servicio. La primera aparece en Romanos 12:6-8:

"De manera que, teniendo diferentes dones, según la gracia que nos es dada, si el de profecía, úsese conforme a la medida de la fe; o si de servicio, en servir; o el que enseña, en la enseñanza; el que exhorta, en la exhortación; el que reparte, con liberalidad; el que preside, con solicitud; el que hace misericordia, con alegría."

Aquí tenemos siete dones.

1. Comunicar la voluntad de Dios

"Profetizar", como lo llaman las versiones más antiguas, aparece también en la lista que ofrece la Epístola a los Corintios. Es uno de los dones que con mayor facilidad crea confusión. Para el oído moderno, "profetizar" sugiere predecir o pronosticar el futuro. Por supuesto que puede incluir esta acepción.

Pero en el Nuevo Testamento, profetizar significa más que predicción. Pablo lo define en 1 Corintios 14:3, como "hablar a los hombres para edificación, exhortación y consolación". Más que predecir, profetizar significa compartir la Palabra de Dios con los que necesitan oírla. El vocablo griego es *profeteia*, de *pro* (hacia adelante) y *femi* (hablar). En la época del Apóstol se le utilizaba para hacer referencia al que proclamaba un mensaje o interpretaba los oráculos (mensajes generalmente muy ambiguos) de los dioses, y cuando los cristianos lo usaban, significaba mensajes del único Dios verdadero.

Mientras que el don de la profecía es una característica muy natural de los que predican el evangelio, debemos advertir que es el don que Pablo recomienda sobre todos los demás a todos los creyentes: "Seguid el amor; y procurad los dones espirituales, pero sobre todo que profeticéis" (1 Corintios 14:1). Todo el capítulo catorce presenta un contraste entre el don de la profecía y la práctica de hablar en idiomas desconocidos. El hablar a los hombres para su "edificación, exhortación y consolación" es el uso más sublime posible del idioma.

La frase de Pedro, "Si alguno habla, hable conforme a las palabras de Dios" (1 Pedro 4:10-11), define la acción como un don espiritual. En términos actuales, esta forma de hablar representa la predicación dirigida con la unción del Santo Espíritu, la enseñanza, y los testimonios de los creyentes. Al hablar de esta manera, las palabras del ser humano llegan a constituirse en la palabra de Dios, que trae convicción y luz a los oyentes. Millares de hombres y mujeres en cada época de la iglesia utilizan el don de la profecía con eficacia notable.

Tal forma de hablar le será dada a cada uno según su propia fe (véase Romanos 12:6). Al igual que el sembrar la semilla, el hablar la Palabra de Dios es un acto de fe. Es con fe, y por la fe, que la palabra logrará aquello que agrada a Dios y será "prosperada en aquello" para lo cual Dios la envió (Isaías 55:11).

La fe puede tener un significado secundario, tomada como la comprensión del individuo del contenido del evangelio. El griego dice literalmente "la fe" *(tes pisteos)*. Hablamos, enseñamos y testificamos sólo hasta donde alcanza nuestro entendimiento de la verdad. Dios provee la unción; a nosotros nos toca ofrecer algo que pueda ser ungido, por medio de nuestro estudio, meditación y oración.

2. Servir

Servir es el segundo don en la lista que aparece en Romanos. Es la traducción del vocablo *diakonia* en el Nuevo Testamento griego. La versión antigua lo traduce como "ministerio". De esta palabra se derivan hoy día diácono y diaconisa. Generalmente se refiere al ministerio de las necesidades físicas de la gente, como por ejemplo, donde habla del repartimiento diario de alimentos y el servicio de las mesas en Hechos 6:1-2.

Pedro también menciona la capacidad para el servicio: "... si alguno ministra, ministre conforme al poder que Dios da, para que en todo sea Dios glorificado por Jesucristo ..." (1 Pedro 4:11).

La persona que sirve a otros movido por un don del Espíritu a veces hace casi las mismas cosas que otros harían por motivos humanitarios. Pero hay sin embargo, dos diferencias notables. El don espiritual resulta en una eficacia exaltada por el poder infundido del Espíritu. Y el motivo será, como indicó Pedro: "... para que en todo sea Dios glorificado por Jesucristo ..."

Un hombre que visitaba una misión en un leprosario se detuvo para observar a una misionera enfermera que limpiaba y vendaba las llagas horribles de sus pacientes.

"Eso no lo haría yo ni por un millón de dólares", dijo.

"Tampoco yo", respondió la misionera. "Yo no lo haría por un millón, pero sí lo hago por el amor de Cristo."

Así es el don de servir a otros. Tiene que usarse. "Que sirva." La mayoría de los cristianos se sienten bajo condenación no por las cosas que hacen, sino por lo que dejan de hacer. La frase de condenación en el día del juicio será: "Por cuanto no lo hicisteis" (Mateo 25:45, versión antigua). Stephen Winward escribe: "No podemos concluir que nuestras vidas carezcan de culpa sólo porque no hayamos hecho lo malo. Es posible que nuestro pecado consista en no haber hecho nada. Los pecados más graves que cometemos son muchas veces de omisión; aquella palabra de estímulo que no hablamos, la oportunidad que no aprovechamos, la obra descuidada, la tarea evitada, o una ayuda que no damos."[1]

Hay una bendición especial en el don de servicio. Jesús mismo dijo: "Mas yo estoy entre vosotros como el que sirve" (Lucas 22:27) y "el que quiera ser el primero entre vosotros será vuestro siervo; como el Hijo del Hombre no vino para ser servido, sino para servir, y para dar su vida en rescate por muchos" (Mateo 20:27-28).

En el reino de Dios, el servicio a otros no es el peldaño que conduce a la fama. Es en sí mismo la mayor nobleza porque el que sirve llega a parecerse al Maestro. Toyohiko Kagawa lo expresó muy bien al decir:

> *Leí*
> *en un libro*
> *que un hombre llamado Cristo*
> *iba por todas partes haciendo el bien.*
> *Me estorba muchísimo*
> *pensar*
> *que estoy tan satisfecho*
> *con sólo*
> *ir por todas partes.*[2]

3. Enseñanza

El tercer don en la lista que ofrece Romanos es el de la enseñanza —*didaskon* en el griego. Este don consiste en instruir y establecer a otros en la verdad. Otros dones tales como "el hablar con sabiduría" y "hablar con profundo conocimiento", que encontramos en la lista del libro de los Corintios, están estrechamente relacionados con la instrucción.

La instrucción es de tal importancia en el trabajo de la iglesia, que sólo la superan la profecía o la predicación. Aunque existen áreas en común en el significado de estas dos capacidades o dones, la distinción que se hace por lo general es que la predicación pide o espera causar acción, el propósito de la enseñanza es instruir. Los estudios del Nuevo Testamento distinguen a menudo entre *kerygma*, la proclamación del evangelio a todo el mundo, y *didaqué*, la instrucción de los que ya se han convertido.

La instrucción es tarea del púlpito, de la escuela dominical y del hogar cristiano. Consiste en exponer detalladamente lo que se proclama en la predicación. Este don incluye los poderes de la comprensión, la explicación, la analogía y la aplicación práctica, poderes que deben ser dados por el Espíritu Santo si se quiere que haya fruto espiritual.

La enseñanza no se limita a las palabras, sino que incluye el ejemplo y la influencia sutil del carácter. Arthur Guiterman decía:

Ni la imprenta, ni el altavoz, ni el libro
enseñan al joven su mejor destino
con tal brillo conductor
como la vida del instructor.

Una maestra de escuela dominical, enfermera graduada, escribió el *Voto del maestro* adaptado del *Voto hipocrático*, juramento que hacen los doctores de medicina al graduarse, y del *Voto de Florence Nightingale* de las enfermeras. Valdría la pena que todos los que quisieran desarrollar su capacidad de instrucción lo consideraran:

Solemnemente me prometo a mí mismo, ante Dios y en la presencia de esta asamblea pasar mi vida en pureza y practicar fielmente el cristianismo. Me abstendré de todo lo que sea perjudicial o dañino, haré todo lo que pueda para transformarme tanto a mí como a mis alumnos en verdaderos hijos de Dios. Haré todo lo que esté en mi poder para mantener y mejorar las normas de la instrucción de Cristo y reputaré de gran valor a cada alma que sea encomendada a mi cuidado. Compartiré toda la inspiración y la experiencia que logre recibir en la práctica de mi vocación. Con lealtad trataré de ayudar al pastor y a los líderes en la obra. Me dedicaré a la edificación del reino de Dios.

Aun cuando la instrucción está incluida en la lista de los dones del Espíritu, debe notarse que las capacidades y el conocimiento humanos que se emplean para ella requieren educación y desarrollo. Acerca de este particular el Apóstol escribió: "El que enseña, en la enseñanza." Es decir, que enseñe verdaderamente y bien, proveyéndose de todo lo que necesita, dentro de sus posibilidades, para enseñar efectivamente.

El verdadero maestro es el primero entre los estudiantes de su grupo. Jesús dijo: "Por eso todo escriba docto en el reino de los cielos es semejante a un padre de familia, que saca de su tesoro cosas nuevas y cosas viejas" (Mateo 13: 52). Para sacar cosas nuevas y viejas, es menester estar continuamente metiendo cosas nuevas en el almacén del entendimiento y la memoria. Si se deja de hacer eso, muy pronto, ¡uno sólo tendrá cosas viejas que sacar!

En este respecto, la enseñanza cristiana es como la predicación. Su eficacia depende de la energía del Espíritu a través de ella. El Santo Espíritu verdaderamente trae a la mente las verdades que deben impartirse, pero es importante saber que El funciona a través de la memoria. "Mas el Consolador, el Espíritu Santo, a quien el Padre enviará en mi nombre, él os enseñará todas las cosas, y os recordará todo lo que os he dicho" (Juan 14:26). Las cosas que Jesús ofreció están a nuestro alcance en los evangelios. Pero el Espíritu no puede recordárnoslas a menos que las hayamos aprendido de su Santa Palabra.

4. Animar

La exhortación o el estímulo es el siguiente don servicial que señala el Apóstol. El vocablo griego para eso es *paraklesis*, y de la misma raíz tenemos la palabra *parakleto*, que significa Consolador. Literalmente quiere decir "ir al amparo de otro", cualquiera que sea la ayuda que éste necesite. Algunos traducen esta frase como "el estimular la fe".

El animar o consolar es la aplicación de este don al pasado, "dando corazón" a los que han sufrido una derrota o una pérdida o que están pasando por pruebas. *Parakaleo*, la forma verbal de donde tenemos "animar", significa literalmente "llamar al lado", es decir, estar con alguien para ayudarle.

Es posible animar por medio de la presencia misma o por las palabras expresadas. Cuando hay tristeza o pérdida de algún ser querido, se hace necesario que los otros miembros de la comunión cristiana ejerciten este don de consuelo. El que anima, ministra esa "gracia en el desierto" que vemos en Jeremías 31:2, a los que se encuentran en un desierto de soledad, de sufrimiento, de luto o de dudas. En un mundo como éste, el don de animar o consolar siempre se necesitará en abundancia.

La exhortación, por otro lado, es la aplicación de este don al futuro, como un desafío a la gente para que haga algo. Tal vez esta acción sea una entrega a Cristo, bien en arrepentimiento o en consagración —de allí que la palabra tenga también el sentido de exhortar. Esta exhortación puede ser un llamado al servicio, a ciertos ideales de conducta, o a mayor cuidado en la vida cotidiana del cristiano.

La verdadera predicación cristiana, según la entendemos hoy día, siempre incluye este don en abundante medida. El predicador de hoy, como los profetas del Antiguo Testamento tiene la doble responsabilidad de "confortar a los afligidos" y "afligir a los que se sienten cómodos". Como vimos en relación a la enseñanza, la predicación se distingue de la instrucción porque tiene ese llamado esencial a la acción. El don de la exhortación beneficia a los que rodean al que lo ejerce. Les amplía los horizontes de su fe, los profundiza en su consagración y purifica sus propósitos.

5. Compartiendo para los necesitados

"Compartiendo para las necesidades" de otros, dar o compartir, es el siguiente *carisma* que menciona el Apóstol. Esto significa más que dar por un sentido filantrópico. Significa dar con un corazón lleno de amor que sólo viene de Dios. Cuando damos, llegamos a ser más como el Maestro que "dio su vida" por su iglesia (Efesios 5:25); y como el Padre que "dio a su Hijo único" (Juan 3:16).

Los tres últimos dones mencionados en Romanos tienen cada cual una palabra de dirección. "El que reparte, con liberalidad; el que preside, con solicitud; el que hace misericordia, con alegría'' (Romanos 12:8). Es posible dar de mala gana y mezquinamente. El dar como producto de un don espiritual ha de ser en forma liberal.

Este don va más allá de la práctica de la mayordomía cristiana. La mayordomía no requiere un don espiritual. Es parte del discipulado cristiano y la practican todos los verdaderos seguidores del Señor Jesús, cualesquiera que sean las diferencias de significado o de detalle que tengan sus denominaciones.

El don de dar incluye las capacidades de ganar y dar dinero para el avance de la obra de Dios con tal sabiduría y tan grande gozo que los recipientes son fortalecidos y bendecidos. El dar a otros puede ser irresponsable y aun dañino, pero el dar como *carisma* del Espíritu Santo es fortalecedor y de ayuda permanente.

Así como la instrucción incluye el dominio de las materias que se enseñan, dar incluye la facilidad de adquirir lo que se da. Dios ha bendecido a ciertas personas con lo que podría considerarse el ''toque de Midas'', que hace que todo lo que tocan se vuelva oro. Muchas de estas personas tienen a la vez el don espiritual de dar su abundante riqueza al reino de Dios de buena voluntad y con sabiduría.

En toda la historia de la iglesia, pocos han mostrado mejor el don de dar que Juan Wesley. Aunque siempre tuvo mucho cuidado de no aceptar nada como sueldo de las muchas sociedades metodistas que él dirigía, recibió y regaló miles de libras esterlinas recibidas de sus muchas publicaciones. Sentía tan profundamente su deber de dar a los demás lo que tenía, que declaró que el mundo podría condenarle como ladrón si al morir le encontraran más de unos cuantos chelines* en el bolsillo.

Estos dadores no dan sólo de su abundancia; el don espiritual les conduce hasta el punto del sacrificio gozoso.

---

*Moneda inglesa que equivalía a doce centavos de libra esterlina

El dar debe ser "con liberalidad", y la liberalidad sólo empieza en el momento de hacer sacrificios. No es liberal el dar lo que no nos hará falta. Tampoco es liberal el dar a otros aquello que nosotros jamás vamos a necesitar.

Es muy probable que esta capacidad sea la que está sólo latente en más creyentes que cualquier otro don espiritual. Ciertamente menos personas parecen "desear" este don, en comparación con los que desean algunos dones más espectaculares. Nos convendría a todos cultivar esta capacidad más de lo que se practica actualmente. Aun hoy día, "más bienaventurado es dar que recibir" como dice Pablo, repitiendo una bienaventuranza del Señor Jesús que de otro modo no conoceríamos (Hechos 20:35). Si al fin de cuentas, alguien se acuerda de nosotros, no será por lo que hayamos recibido, sino por lo que hayamos dado.

6. Presidir

Presidir o gobernar es el siguiente don en la lista que Pablo ofrece a los romanos. Literalmente significa hacerse cargo de la dirección de las actividades de un grupo. Es indudable que algunos líderes nacen con esta capacidad. Otros llegan a ser líderes en asuntos espirituales por dotación especial del Santo Espíritu de Dios.

La palabra que Pablo usa para calificar el don de la dirección o la administración es el término *solicitud* (a veces se traduce *diligencia*), es decir, seriamente, celosamente y de manera muy formal. Aunque a menudo la dirección está en función del oficio o de la posición, posiblemente tal oficio sea asignado porque se ha reconocido que esa persona tiene la capacidad administrativa.

La iglesia todavía tiene una urgente necesidad de más personas que ejerzan un liderazgo auténticamente espiritual. Un aspecto alentador actualmente es el reconocimiento del papel importante que pueden jugar los líderes laicos en las actividades espirituales. Hace más de una generación, el Dr. J. B. Chapman escribió: "Casi todos los grandes movimientos espirituales a través de la historia de la iglesia han

33

sido notables por el gran papel que 'el pueblo' ha desempeñado en los cultos y en las actividades generales de la iglesia; y es notable que al disminuir la espiritualidad del movimiento, el pastor y los oficiales tienen que hacerlo todo."

El liderazgo requiere visión, paciencia, objetivos consistentes, y el poder para seguir adelante cuando otros tienen deseos de abandonar la obra. Todas estas cualidades tienen una dimensión espiritual. El líder tiene que ser, como dijo Wilson Lanpher, "tanto el que sueña como el que le pega al tambor". Tiene que vislumbrar los objetivos que hay que alcanzar y a la vez establecer el ritmo de trabajo para sus colaboradores. ¡Bienaventurada la iglesia que no apaga el don de la dirección en sus miembros sino que más bien los apoya en sus esfuerzos de poner su don en acción!

7. Tener compasión

El último de los dones serviciales que aparecen en la lista del libro de Romanos se traduce "hacer misericordia". Es la compasión, el interesarse o la bondad para con otros. Algunos lo traducen como "sentir simpatía". Es precisamente esa habilidad de reconocer los sentimientos y las emociones de otros que sólo ocurre cuando nos situamos en el lugar de otro, o cuando nos imaginamos qué sería "andar en los zapatos del prójimo".

Tal vez nos extrañe que uno de los dones en la lista sea una cualidad o actitud que se le requiere a todo creyente. El Nuevo Testamento señala repetidas veces que la misericordia que recibimos de Dios está en proporción directa con nuestra misericordia hacia otros. De "los que tienen compasión de otros" la Escritura dice que "Dios tendrá compasión de ellos" (Mateo 5:7). Es cierto lo que dice el coro:

A menos que me mueva la compasión
¿cómo morará tu Espíritu en mí?
En palabra y en acción
necesito santa unción
de amor que sólo hallo en ti.

Pero en esta época de "ojos que no lloran, narices respingonas y pies que no caminan", es necesario ver hoy ejemplos visibles y notables de la compasión. Esta capacidad es la que Pablo menciona en la lista de los dones espirituales. Las lágrimas sin oraciones y las oraciones sin lágrimas son igualmente vanas. La compasión es "tu dolor en mi corazón". El Espíritu Santo no nos cierra el corazón; más bien nos lo rasga para dejarlo abierto a las necesidades de aquellos que nos rodean.

De igual manera que en los demás dones espirituales, hay un gozo auténtico en el ejercicio de la misercordia. Los ojos secos no tienen arco iris. Recordemos estas líneas de Shakespeare:

La cualidad de la misericordia no se diluye,
cae cual suave rocío desde el cielo,
a lugares bajos. Es de doble bendición;
bendice al que da y al que recibe:
Es más poderosa en los más poderosos
y más le luce al monarca entronado que su corona . . .
Es un atributo de Dios mismo.

Así como el que reparte debe hacerlo con liberalidad y el que preside, con solicitud, "el que hace misericordia", debe hacerlo "con alegría". La palabra **alegría** en la forma griega, *hilarotes*, aparece sólo aquí en el Nuevo Testamento. El adjetivo *hilaros* también aparece sólo una vez (en 2 Corintios 9:7. "Dios ama al dador alegre"). De estos vocablos griegos se deriva la palabra "hilaridad", que tiene el sentido opuesto de los términos mala gana, tristeza o hacerlo todo a la fuerza.

Hay una compasión tristona que deprime. Lo que hace el don de la compasión es traer consuelo y alegría, no a fuerza de pasar por alto las realidades de los problemas del necesitado, sino al llenar su escenario con la luz de la fe y la esperanza.

4

La Lista
en 1 Corintios

La segunda lista principal de los dones *(carismata)* se encuentra en 1 Corintios 12:7-11, que dice: "Pero a cada uno le es dada la manifestación del Espíritu para provecho. Porque a éste es dada por el Espíritu palabra de sabiduría; a otro, palabra de ciencia, según el mismo Espíritu; a otro, fe por el mismo espíritu; y a otro, dones de sanidades por el mismo Espíritu.

"A otro el hacer milagros; a otro, profecía; a otro, discernimiento de espíritus; a otro, diversos géneros de lenguas; y a otro, interpretación de lenguas.

"Pero todas estas cosas las hace uno y el mismo Espíritu, repartiendo a cada uno en particular como él quiere."

Son aparentes algunas diferencias notables entre esta lista y la que está en Romanos. El único don que aparece en las dos listas es el de profecía, del que Pablo dice (en 1 Corintios 14) que él estima sobre todos los demás. Algunos han supuesto que la lista de Romanos considera los dones espirituales como parte de la vida cotidiana de la comunidad cristiana. Por otro lado, la lista de Corintios incluye aquellos dones que son más excepcionales, más transitorios y menos universales. El mismo hecho de que las listas son tan diferentes, nos muestra que los dones espirituales abarcan un rango de capacidades mucho más amplio de lo que generalmente pensamos.

Es posible que las diferencias entre las dos listas sean un reflejo de las diferencias que existían entre las dos iglesias a las que las cartas respectivas iban dirigidas. Parece que la iglesia en Roma era una comunidad muy estable y fuerte espiritualmente. No estaba dañada por luchas intestinas ni herejías doctrinales. El Apóstol honró a esta iglesia escribiéndole el tratado más completo del evangelio en todo el Nuevo Testamento.

La iglesia de Corinto, por el contrario, era la más problemática de esa época. Estaba dividida en facciones contenciosas (1 Corintios 1:10—3:23); se rebelaba contra la autoridad de Pablo (4:1-21); estaba manchada por la inmoralidad (5:1-13) y por litigios intestinos (6:1-8); sus ágapes se habían convertido en borracheras y glotonerías (11:18-34); y sus miembros toleraban doctrinas heréticas hasta el punto de negar la resurrección de Cristo (15:1-58). Mejoró un poco la situación en el intervalo entre la Primera Epístola a los Corintios y la Segunda, pero estaba aún muy lejos de ser una iglesia estable (2 Corintios 13:1-10).

Parece que los corintios estaban encantados con los dones espirituales especializados o sobresalientes. Pablo anhelaba que ellos reconocieran que, si bien "hay diversidad de dones, . . . el Espíritu es el mismo. Y hay diversidad de ministerios, pero el Señor es el mismo. Y hay diversidad de operaciones, pero Dios, que hace todas las cosas en todos, es el mismo" (1 Corintios 12:4-6). Todos los dones de Dios son importantes y no hay ninguno que carezca de significado. Pero lo que se nos pide que notemos es que mientras los dones, los servicios, y las obras son variables, el Espíritu, el Señor y Dios que nos los provee es el Dios triuno —Espíritu, Hijo y Padre.

1. La capacidad de hablar con sabiduría

"La capacidad de hablar con sabiduría" es la primera *carismata* en la lista de 1 Corintios. La expresión traducida "palabra de sabiduría", es, en el original griego, *logos sofias.*

A la par de este don está la "palabra ciencia", el segundo don de la lista.

Estos dos primeros dones de la lista corintiana están en estrecha relación con la enseñanza y la profecía, o sea "hablar a los hombres para edificarlos, exhortarlos y consolarlos". Jesús enseñó que el Santo Espíritu sería nuestro maestro y que nos guiaría a toda verdad (Juan 14:26; 16:15). Por lo tanto El es la fuente de toda sabiduría y conocimiento espirituales.

Esto no quiere decir que el Espíritu funcione independientemente de nuestras habilidades y capacidades, pero éstas en su estado natural no pueden hacer mucho por sí solas en el área del discernimiento y conocimiento espirituales sin estos dones del Espíritu (1 Corintios 2:7-16).

Estas dos capacidades, de hablar con sabiduría y de hablar con conocimiento revisten especial importancia, y por lo tanto tienen amplísimo campo de acción. Por toda la iglesia, los pastores, maestros de escuela dominical, líderes de la juventud, estudiantes de la Biblia que comparten sus nuevos conocimientos en pequeños grupos, hermanos laicos en su testimonio, y en fin, hombres y mujeres que nunca se considerarían dotados de capacidades, están hablando "la palabra de sabiduría" y "la palabra de ciencia" o conocimiento.

Con respecto a la "palabra de sabiduría", tanto *logos* como *sofia* son términos con muchas acepciones. *Logos* significa indistintamente "palabra, discurso, enseñanza, doctrina, mensaje, comunicación". *Sofia* se define como "discernimiento, entendimiento, juicio, buen sentido, cordura, habilidad de comprender la verdadera esencia de las cosas, 'llegar al meollo' ", por así decirlo.

La Biblia tiene mucho que decir acerca de la sabiduría y la necesidad que el hombre tiene de ella. "El temor de Jehová es el principio de la sabiduría" (Proverbios 9:10). Uno puede tener mucho conocimiento, en el sentido de hechos aprendidos, y carecer de sabiduría. Se ha dicho que hay suficientes doctores de filosofía en cada penitenciaría para formar el grupo docente de una pequeña universidad. El aprender mucho no les ha hecho sabios. "Algunos", según Peter Forsyth, "son demasiado mañosos pero jamás son sabios."[1]

Un teólogo contemporáneo recuerda el comentario hecho al principio del movimiento científico moderno: "Bajo el nuevo método científico, aumentará la ciencia, pero la sabiduría disminuirá." Por *sabiduría* este teólogo quería implicar el entendimiento de los principios que determinan la vida y el mundo. Sus palabras fueron proféticas, pues la ciencia casi ha conquistado a la sabiduría y el mucho conocimiento de hechos casi ha eliminado al discernimiento.[2]

Los conceptos más fuertes que Pablo escribe acerca de la sabiduría se encuentran en 1 Corintios 1:17—2:16. Dios ha enloquecido "la sabiduría del mundo" (1:20). "Pues lo insensato de Dios es más sabio que los hombres, y lo débil de Dios es más fuerte que los hombres" (1:25); "Cristo poder de Dios, y sabiduría de Dios" (1:24); y la sabiduría de Dios que es insondable para la mente tenebrosa, nos es revelada por su Santo Espíritu (2:6-16).

A menudo la capacidad de "hablar palabra de sabiduría" es el don dado a personas que no tienen entrenamiento formal en teología ni en disciplinas bíblicas. Frecuentemente brota de labios de personas humildes y sin educación. La iglesia de Cristo ha sido ricamente bendecida por medio de este don espiritual empleado por multitudes innumerables, tanto de laicos como de ministros.

2. La capacidad de entender y comunicar el conocimiento

El segundo don en la lista que encontramos en Corintios es la capacidad de hablar la "palabra de ciencia". Esto no es un caso de una repetición inútil de la misma cosa con palabras distintas. La frase griega es *logos gnoseos. Gnosis* significa la comprensión de hechos, el reconocimiento de la verdad, o el llegar a conocer. Se traduce como "el poder de expresar conocimiento"; y como "la habilidad de hablar inteligentemente".

El captar conocimiento y el comunicarlo están relacionados en gran manera con lo que podría identificarse como inteligencia o habilidad mental. Pero esta capacidad va más allá de la inteligencia natural. Es un engrandecimiento sobrenatural de los poderes de comprensión y de comunicación por medio de la energía del Espíritu Santo.

Así como hay una sabiduría mundana que se contrasta con la divina, hay una clase de conocimiento que lleva al orgullo. Es la clase de "conocimiento que envanece" (1 Corintios 8:1). El conocimiento que es la base de *logos gnoseos*, por otro lado, es conocimiento que contribuye a la humildad genuina. La persona que comparte el conocimiento que tiene como origen la instrucción del Espíritu, está segura de lo que sabe, pero a la vez está al tanto de lo mucho que no sabe.

El *conocimiento* y el *conocer* —como se usan en las Santas Escrituras— siempre hacen referencia a la experiencia personal. Hay una cualidad directa e inmediata en el conocimiento espiritual que está estrechamente relacionada a la intuición; la misma palabra griega que significa "yo conozco", tiene relación gramatical con el verbo "yo veo", o "he visto". En el Antiguo Testamento el vocablo más antiguo para profeta era "vidente" (1 Samuel 9:9) en la acepción literal de "el que ve".

"El conocimiento", en el uso bíblico del término implica desde luego, el concepto de participación personal, pero también incluye las ideas de que es impartido como un incentivo y guía para la acción, y nunca meramente para proporcionar información. El conocimiento espiritual es instrumental: es un medio para lograr que la vida y el servicio del cristiano sean agradables a Dios.

El conocimiento cristiano final es conocer al "único Dios verdadero y a Jesucristo" a quien Dios envió (Juan 17:3). En un párrafo de hermosura inolvidable, el escritor inglés Norman Snaith dice:

Esta es una clase de certeza que yo, por lo menos, tengo acerca de Dios. No es contraria a la razón, y dadas sus propias premisas, es tan lógica como las otras. Pero

tiene sus propias premisas y son las que tienen su base en la experiencia de una Persona. Nadie me persuadió por argumentos y estoy seguro que nadie me disuadirá por argumentos. Yo jamás dependí en ese tipo de argumentos. Si alguien me preguntara cómo es que estoy seguro de Dios, no podría darle más respuesta excepto que es de la misma manera en que estoy seguro de mi esposa. Exactamente cómo estoy seguro, no lo sé. Esta certeza ha sido reforzada, por las intimidades y la confianza mutua de los años, pero ¿cuándo principió . . . ? El creyente está listo a dar razones por la fe que en él hay, pero esa fe no depende de esas razones.[3]

3. La fe

El tercer *carisma* en la lista corintiana es la fe. La palabra *fe* tiene varios significados en el Nuevo Testamento. Se utiliza para describir la confianza obediente con que responde el creyente al mensaje del evangelio. En este sentido no es uno de los dones —pero sí lo es en el sentido de que toda capacidad humana proviene de Dios. Algunas veces se ha interpretado que Efesios 2:8-9 significa que la misma gracia salvadora es un don directo de Dios: "Porque por gracia sois salvos por medio de la fe; y esto no es de vosotros, pues es don de Dios; no por obras, para que ninguno se gloríe." Pero aquí el significado es que la *gracia* es el don de Dios. Por medio de la fe salvadora recibimos el "don de gracia" de la vida eterna (Romanos 6:23).

Las Escrituras también usan la palabra *fe* como sinónimo del requisito necesario para recibir el don de Dios de un corazón puro. Al informar del bautismo con el Espíritu que vino sobre Cornelio y su familia, Pedro dijo: "Y Dios, que conoce los corazones, les dio testimonio, dándoles el Espíritu Santo lo mismo que a nosotros; y ninguna diferencia hizo entre nosotros y ellos, purificando por la *fe* sus corazones" (Hechos 15:8-9). Cristo le dio a Pablo la misión de evangelizar a los gentiles: "Te envío, para que abras sus ojos, para que se conviertan de las tinieblas a la luz, y de la potestad de Satanás a Dios; para que reciban, *por la fe que es en mí*, remisión de pecados y herencia entre los santificados'' (Hechos 26:16-18, cursivas del autor).

La *fe* también es usada en el Nuevo Testamento con el significado de fidelidad, o ser fidedigno. Así es usada en Gálatas 5:22-23, en donde se describe el fruto del Espíritu, que incluye ''fe, mansedumbre, templanza''.

Pero la fe como un don del Espíritu no corresponde a ninguna de éstas. Es más bien la fe que describió el Señor Jesús en Mateo 17:20 —''fe como un grano de mostaza''— una fe que puede mover las montañas de dificultad. A través de la iglesia, muchas personas cuyos nombres quizás no aparezcan en ninguna lista de líderes cristianos sobresalientes, están empleando el don espiritual de la fe al enfrentarse al desafío de sus circunstancias.

El don de la fe es importante para alcanzar las respuestas extraordinarias a la oración. La Palabra de Dios produce la fe cristiana básica. La fe para lo extraordinario viene como un don directo del Santo Espíritu. Esta fe que logra resultados es, en verdad, una de las capacidades mayores que cada uno de nosotros debería ''procurar'' (1 Corintios 12:30).

Hay dos puntos más que deben mencionarse acerca del don de la fe:

a. En un sentido, la fe es la veta subyacente de todas las *carismata.* Así lo indica Romanos 12:3, 6 donde Pablo habla de hacer algo ''según la fe que Dios ha dado'' a cada uno, y habla del uso del don de la profecía ''según la medida de la fe''.

b. También puede implicarse que todos, hasta cierto grado u otro, pueden ejercer el don de la fe, y que todos deben ser animados a hacerlo. Si recordamos que la fe que logra resultados no fue dada para que nosotros pudiéramos alcanzar todo lo que se nos dé la gana tener, sino para alcanzar lo que Dios quiere que tengamos, todavía podríamos aprovechar lo que dijo William Carey: ''Esperen grandes cosas de Dios; traten de hacer cosas grandes para Dios.''

Si fuera más sencilla nuestra fe
confiaríamos en su palabra fiel.
Nuestra vida florecería a la luz
de la dulzura del Señor Jesús.

4. Dones de sanidades

El cuarto don de la lista en el libro de Corintios ha sido ampliamente mal interpretado. Muchas de las versiones modernas han pasado por alto el hecho obvio que en las tres veces que se menciona (1 Corintios 12:9, 28, 30) en el original, tanto la palabra "dones" *(carismata)* como "sanidades", *(iamaton)* aparecen en el plural. No se trata de un "don generalizado de sanidad" que pueda aplicarse en beneficio de cualquier enfermo, y de todos los enfermos que pudieran acudir. Más bien, se trata de capacidades específicas para instancias específicas de sanidad.

La carta de Pablo está exactamente de acuerdo con Santiago 5:14-15: "Está alguno enfermo entre vosotros? Llame a los ancianos de la iglesia, y oren por él, ungiéndole con aceite en el nombre del Señor. Y la oración de la fe salvará al enfermo, y el Señor lo levantará; y si hubiere cometido pecados, le serán perdonados." El hecho parece ser que la fe para una sanidad específica se dará (o se negará) cuando los creyentes oren respecto a la necesidad que tengan por delante.

Lo que Pablo escribe está de acuerdo con la experiencia de la iglesia a través de los siglos en su énfasis en los "dones de sanidades". Que han ocurrido y que ocurren, aún, sanidades milagrosas e inexplicables desde el punto de vista de los médicos es innegable. Pero es igualmente innegable el hecho de que hay veces que la sanidad ha sido negada.

Pocos estuvieron más generosamente dotados con dones de sanidades que el apóstol Pablo mismo. Sin embargo a veces él mismo no pudo echar mano de ellos. Tuvo que dejar a Trófimo, colaborador estimado, enfermo en Mileto (2 Timoteo 4:20). Rogó encarecidamente a Timoteo que se cuidara el estómago que frecuentemente le molestaba (1 Timoteo 5:23). Oró tres veces por "un aguijón en mi carne" (seguramente se trataba de un malestar físico del Apóstol), pero en vez de ser sanado recibió una bendición mayor que la sanidad física, la gracia suficiente de Cristo (2 Corintios 12:7-10).

El hecho de que haya dones de sanidades no quiere decir que el trabajo consagrado de los doctores y las enfermeras deba rechazarse. Sólo el fanatismo rechazaría las medicinas eficaces y disponibles. El cristiano devoto reconoce la mano sanadora de Dios en toda curación, aunque sea una "masa de higos" que se ponga (Isaías 38:21), o se apliquen aceite y vino (Lucas 10:34). El padre de la cirugía moderna, Ambroise Paré dijo: "Yo cuidé al enfermo; Dios le sanó." Dios sana mediante la creación cuyos secretos apenas empezamos a saber, y también por medio de Cristo.

Estos "dones de sanidades" son otorgados y usados a través de la iglesia en muchas maneras que no siempre son obvias. No debemos, como dice E. Stanley Jones, "permitir que los estrafalarios echen a perder" lo bueno que tenemos. Hay charlatanes y engañadores, y muchos abusos del sufrimiento humano en campañas que anuncian sanidades hasta de la carie dental y que adornan sus tiendas de campaña con muletas y sillas de ruedas. Pero a la vez hay un grupo numeroso y creciente de cristianos devotos que están predicando y practicando la sanidad divina. Muchos de ellos provienen de las denominaciones antiguas, como la episcopal, la metodista o la presbiteriana. Sobresale en este campo el doctor Alfred Price, cuyo servicio semanal para sanidad divina en la Iglesia Episcopal de San Esteban en la ciudad de Filadelfia, Pennsylvania, Estados Unidos de América, ha llegado a ser una institución establecida con un historial intachable de buenos resultados. La Orden de San Lucas el Médico incluye a doctores, ministros, y laicos que por lo general proceden de las denominaciones tradicionales, y que ahora están dedicados al ministerio de la sanidad dentro de la iglesia.

Todo esto es excelente. Necesitamos reconocer que la sanidad física no es algún antojo cualquiera "agregado" al evangelio. Es una parte auténtica del plan de Dios para suplir todas nuestras necesidades humanas de acuerdo con su voluntad. Esto nos desafía a tomarlo en serio y a recalcar más lo que siempre ha sido parte de nuestra herencia. Nos conviene predicar, practicar, creer y exigir el ministerio de la sanidad divina.

Pero no debemos hacerlo de modo de atrapar a los que de otra manera están desinteresados en asuntos espirituales, ni como un anzuelo para los curiosos o los buscadores de lo sensacional. Debemos utilizar este don de sanidades como una parte verdadera e importante de la provisión de Dios en Cristo para suplir todas nuestras necesidades conforme a sus riquezas en gloria. En el ejercicio de la oración, la fe y la obediencia, "los dones de sanidades" son dados para la gloria de Dios el Padre.

5. Hacer milagros

El "hacer milagros" es el quinto *carisma* en la lista de Corintios. La frase griega es *energemata dunameon*. *Energeia* es la fuente etimológica de nuestra palabra *energía*, y *dunamis* es la raíz de los vocablos *dinamo* y *dinamita*. Los traductores han usado "habilidad, abundancia, hecho, fuerza, milagro, potencia, poder y trabajo" para traducir *dunamis*. Han traducido *energeia* como "función, obra u operación".

En todo el Nuevo Testamento el término *dunamis* es usado para describir resultados que no podrían producirse por agentes ni medios naturales. Hay muchos milagros físicos descritos en el Nuevo Testamento. Muchos de éstos fueron reconocidos como señales o evidencias que autenticaban la misión de Cristo y de los apóstoles. Juan, por ejemplo, describe la transformación del agua en vino como *archen ton semion* ("principio de señales" o milagros, Juan 2:1-11); y a través del cuarto Evangelio, los milagros de

Cristo se definen como "señales" (véase: 2:11, 23; 3:2; 4:54; 6:2, 14, 26; 7:31; 9:16; 11:47; 12:37; 20:30).

Aunque las señales que imparten autenticidad ya no son ni necesarias ni dadas (nótese el tiempo pasado en Hebreos 2:4), todavía se le dan a la iglesia poderes milagrosos. Uno pierde la paciencia con ese énfasis en lo milagroso que enfoca en superar con otro a cada relato milagroso, y que nos lleva casi a una atmósfera de circo en la que cada persona que ofrece algo parece decir: "¿Cómo puedes hacer tú más?" Hay muchos testimonios de acciones milagrosas, dientes antes cariados que ahora ya están bien, piernas alargadas que antes no habían caminado nunca, pero el hecho es que por fantásticos que sean, son niñerías en comparación al poder milagroso que transforma las vidas.

Continuamente y por toda la iglesia, estamos viendo resultados que no pueden atribuirse solamente al elemento humano. Los milagros genuinos no son sólo físicos sino también sicológicos y espirituales. La mente y las tendencias de la gente se cambian cuando Dios obra milagrosamente en las vidas humanas. Gálatas 3:5 extiende el sentido de *milagro* hasta incluir aquellas transformaciones del carácter que son en verdad milagros de gracia. Fue un milagro el que colocó las estrellas en las extensiones del espacio; pero se requiere un milagro aún mayor para establecer el orden en el caso de una vida desordenada, hacer brillar la luz de Dios por ella (2 Corintios 4:6), y hacerla una persona nueva (2 Corintios 5:17).

6. La profecía

Profeteia, que significa hablar a los hombres "para edificarles, animarles y consolarles", es, como ya hemos notado, el único don espiritual que aparece en ambas listas, la romana y la corintia. En su Epístola a los Corintios, Pablo hace un comentario adicional que merece notarse. La evaluación de Pablo es que este es el más alto y el más deseable de todos los dones (1 Corintios 12:31; 14:1). Este don ya se discutió al tratar la lista de los dones que aparece en Romanos 12.

7. El discernimiento de espíritus

"Distinguir entre los espíritus falsos y el Espíritu verdadero" es como la Versión Popular traduce *diakrisis pneumaton*. *Diakrisis* significa "decisión, separación, discriminación, determinación", todos los cuales son aspectos del discernimiento. *Pneuma* es el vocablo griego para *aliento, respiración, aire, espíritu* o *el Espíritu*, y también se traduce "vida" y "espiritual" en ciertos contextos en las Escrituras. "La capacidad de distinguir entre los espíritus" es el título que Pablo le da a la capacidad que usa el cristiano cuando hace caso a las palabras de Juan: "Amados, no creáis a todo espíritu, sino probad los espíritus si son de Dios; porque muchos falsos profetas han salido por el mundo" (1 Juan 4:1).

Posiblemente haya una razón por la que Pablo pone "la capacidad de distinguir entre los espíritus" en este sitio cerca de los últimos dos dones o *carismata* en la lista corintiana. La confusión moderna sobre los dones de lenguas (a favor y en contra) es suficiente razón para la necesidad de tener poderes extraordinarios de discernimiento. El discernimiento de los espíritus nos permite distinguir entre la obra del espíritu humano y la obra del Espíritu Santo.

8. Diferentes clases de idiomas

El octavo don o *carisma* en la lista del libro de los Corintios es *gene glosson*, que es traducido: "diversos géneros de lenguas", o "don de hablar varios idiomas" (Torres Amat).

En nuestro título de esta sección hemos usado el vocablo "idiomas" en lugar del vocablo más conocido de "lenguas", a propósito y con razón. Hoy día el vocablo "lenguas" se ha asociado tan estrechamente al uso de "lenguas desconocidas" que es casi imposible escapar de esta connotación. Sin embargo, cuando se hicieron las traducciones del Nuevo Testamento al español, a fines del siglo dieciséis y a principio del diecisiete, la palabra "lenguas" significaba lo que ahora significa "idiomas". Jesús le habló a Pablo en el camino a Damasco en el idioma (o en la lengua) hebreo

(Hechos 26:14), y cuando Pablo habló a la multitud violenta en Jerusalén les habló en "la lengua hebrea", que equivale a decir, idioma hebreo (Hechos 21:40). Juan vio "una gran multitud . . . de todas naciones y tribus, y pueblos y lenguas" (Apocalipsis 7:9); es obvio que aquí también es sinónimo de idiomas.

9. La interpretación de idiomas

El don compañero del don de "hablar en diferentes lenguas o idiomas" es el don de "explicar lo que se ha dicho en esas lenguas", o sea la interpretación de lenguajes. La frase griega es *hermeneia glosson*. *Hermeneia*, de donde se deriva la palabra *hermenéutica*, significa "interpretación o traducción". Quiere decir expresar el sentido de algo que está en un idioma, en otro idioma. Traducir de un idioma a otro.

Puesto que ha habido amplio interés en los dones de lenguas, especialmente en lo que se llama hablar "en otras lenguas", volveremos a este tema para examinarlo más de cerca en el capítulo siguiente. Sin embargo, y hasta entonces, podemos hacer aquí un repaso de los dones para el servicio, combinando lo que aparece en ambas listas, la de Romanos y la lista de Corintios. Al hacerlo, encontramos un panorama maravilloso de las capacidades necesarias para que el cuerpo de Cristo funcione completamente:

1. Hablar a otros para hacerlos crecer espiritualmente, para animarlos y para consolarlos (1 Corintios 14:3).

2. Servir. El ministerio a las necesidades humanas.

3. Enseñar. El establecer a otros en la fe.

4. Animar o exhortar. Estimular la fe de otros cristianos.

5. Dar o compartir liberalmente.

6. Dirigir. Tomar la iniciativa en actividades mancomunadas con otros.

7. Compasión o interés. Sentir con otros.

8. Hablar con sabiduría.

9. La capacidad de adquirir conocimiento y de comunicarlo.

10. Fe como el grano de mostaza.

11. Dones de sanidades.
12. Milagros; especialmente, milagros de gracia.
13. Discernimiento de espíritus.
14. Diferentes clases de idiomas.
15. Interpretación de idiomas.

Cada uno de nosotros debe reconocer con gratitud los dones que han estado obrando en nuestra vida. Nos conviene también procurar "los dones mejores" (1 Corintios 12:31) que todavía no vemos obrando en nosotros, o si no los vemos obrando tan abundantemente como requieren nuestras circunstancias o nuestras responsabilidades. Aunque el Espíritu soberano se ha reservado a Sí mismo la distribución de sus dones, El nos anima a desear los dones de mayor importancia.

5
Los Dones de Lenguaje

No es necesario dar una apología para hacer un examen de los dones de lenguaje en el Nuevo Testamento. Desde luego reconocemos que el espacio que le damos a este tema en este libro es ciertamente mucho mayor de lo que normalmente merecería, de acuerdo a la importancia que le da Pablo en comparación a los otros dones. Pero el énfasis que este siglo le ha dado a este aspecto específico de los dones espirituales, la *carismata*, no sólo justifica sino que demanda un examen cabal de lo que incluye "hablar en lenguas".

Hay un punto que debe mencionarse desde el principio. Por muchos años el autor enseñó cursos universitarios en lógica, los principios y la práctica del pensamiento crítico. Una de las falacias que amenazan el claro pensamiento es el intento ilógico de refutar una teoría al atacar los motivos, o de juzgar el carácter de los que creen tal teoría. El nombre técnico de esa falacia es *argumentum ad hominem*. Siempre es incorrecto hacer tal cosa.

Hay un error paralelo, y es el que supone que la discusión de una teoría significa un ataque personal a los que sostienen tal teoría. Nada podría distar más de la verdad. Hay cristianos que son mejores que su credo y otros que, por otro lado, no se alzan a la altura cabal de sus creencias. En todo caso, el credo puede ser examinado aun críticamente, si es necesario, sin denotar ninguna crítica ni del carácter, ni de la persona que sostiene tal creencia.

Al considerar los dones de lenguaje, es imposible evitar las diferencias de interpretación. Puesto que es necesario diferir con nuestros sinceros y amados hermanos cristianos que sostienen otras teologías, lo debemos considerar como una especie de desacuerdo intestino, algo así como una riña familiar.

No debemos alzar garrotes contra aquellos cuyo culto al Señor es diferente del nuestro ni tirarles piedras. Tampoco nos conviene pasar por alto los asuntos creados por estas teorías diferentes. Es menester que todos probemos nuestras teorías de acuerdo a las Escrituras. La Biblia tiene que tener la primacía en todos los asuntos de la fe y la práctica. Lo que nos conviene hacer es averiguar individualmente "lo que dice el Señor".

I. Glosolalia

De la misma manera que la palabra griega *carismata* ha viajado del Nuevo Testamento, hasta el idioma moderno en el vocablo "carismático", así se ha establecido también el vocablo *glossolalia*. *Glossa* significa ambas cosas, "lengua", como el órgano del habla que está en la boca, y "lenguaje". *Lalein* significa "hablar". De allí que *glossolalia* ha venido a ser el vocablo técnico que se usa para describir el "hablar en lenguas". Aunque este término ha sido extendido por el uso popular hasta incluir también lenguas extranjeras no aprendidas, éstas se llaman técnicamente *xenoglossa*. El sentido de glosolalia típico y más cuidadoso describe el hablar un idioma que ni el que habla ni el que oye comprenden, a menos que éste tenga el don paralelo de la interpretación.[1]

El cristiano contemporáneo tiene que enfrentarse con dos puntos respecto a la glosolalia. Uno es la interpretación doctrinal o teológica que se le da: que el hablar en lenguas es la evidencia necesaria, inicial, y bíblica del bautismo con el Espíritu Santo. El otro punto es todo ese sistema de piedad que ha surgido alrededor de la idea de lenguas desconocidas como un lenguaje especial para la oración y la alabanza.

Estos dos puntos suscitan preguntas serias y aun decisivas que no pueden resolverse por la acumulación, por cuantiosa que sea, de opiniones o testimonios en pro o en contra. Estas preguntas se resuelven solamente al considerar la plena enseñanza de las Sagradas Escrituras. La experiencia puede confirmar pero no puede controlar la interpretación bíblica. Es menester que la Palabra de Dios tenga la autoridad decisiva en todos los asuntos que atañen a la vida cristiana.

II. La Aserción Pentecostal

El énfasis contemporáneo en la glosolalia es un acontecimiento estrictamente de nuestro siglo. La aserción de que este don es de importancia céntrica, y de que es la evidencia física, inicial, y esencial de la plenitud del Espíritu, fue propuesta por primera vez por Charles F. Parham en conexión con la aparición de la glosolalia en 1901, en su pequeña escuela bíblica en Topeka, Kansas.

Anteriormente habían ocurrido casos documentados de glosolalia, tanto cristiana como no cristiana. Los montanistas, herejes de los primeros siglos cristianos; los albigenses en Italia; los jansenistas de Port-Royal, Francia; los irvingistas de la Inglaterra del siglo XIX; también los mormones y los *shakers* (una pequeña secta) en los Estados Unidos; todos estos grupos practicaron la glosolalia. Pero no se había llegado a ninguna conclusión teológica basada en esta práctica. El historiador más reciente del movimiento pentecostal en los Estados Unidos le atribuye a Parham la honra de ser el "padre del pentecostalismo moderno".[2]

Por el mero hecho de ser algo "nuevo", hay razón para sospechar de cualquier novedad teológica fundamental. Claro que la teología puede aumentar su comprensión de las Escrituras y de la manera en que Dios obra con los hombres. Pero este crecimiento del conocimiento no cambia en forma alguna las verdades básicas del evangelio. Es correcto el dicho conocido de Juan Wesley: "En la fe cristiana, todo lo que es nuevo no es verdad, y lo que es verdad no es nuevo."

¿Qué encontramos en la Biblia cuando examinamos las aseveraciones en pro de la glosolalia de hoy día?

III. Evidencia Indirecta

Primero hay lo que podría llamarse evidencia indirecta de la Biblia respecto a ello. Los lenguajes aparecen primero en la Biblia como barreras de separación entre un hombre y otro. En la torre de Babel (Génesis 11), los diferentes lenguajes fueron parte del juicio de Dios sobre la soberbia pecaminosa del hombre. Los lenguajes humanos de hoy día, tan diferentes entre sí, tuvieron su origen como resultado de lo que ocurrió en Babel. La palabra misma, "Babel", ha venido a significar confusión o habla incomprensible.

Más tarde, en el Antiguo Testamento, todas las características esenciales de la época del Espíritu Santo fueron profetizadas ampliamente sin mención alguna de lenguas o de idiomas en relación con ella. Isaías, Ezequiel, Joel, Zacarías y Malaquías hablan de la productividad y bendición, la purificación por fuego, la libertad en la oración, la ley de Dios escrita en el alma, y la gracia y la visión que habían de venir. Pero no dicen ni una palabra respecto a una señal o evidencia esencial y física, como se dice que es la glosolalia.

El verso 11 del capítulo 28 de Isaías no es excepción a lo dicho: "Porque en lengua de tartamudos, y en extraña lengua hablará a este pueblo." Este verso que Pablo cita en 1 Corintios 14:21, se refiere a los juicios que caerían sobre Efraín a mano de los asirios, y más tarde de los babilonios; ambos eran idiomas extraños, y al oírlos, uno creía estar oyendo a un tartamudo. Este pasaje es importante para nuestro entendimiento de 1 Corintios 14.

La evidencia indirecta en el Nuevo Testamento también es significativa. Juan el Bautista fue el primero que habló en el Nuevo Testamento respecto a la venida inminente del bautismo con el Espíritu. Los cuatro evangelios incluyen el contraste que él hizo entre su bautismo con agua y el bautismo con el Espíritu que daría Cristo (Mateo 3:11-12; Marcos 1:7-8; Lucas 3:16-17; Juan 1:33). Fue citado por Jesús (Hechos 1:5) y por Pedro (Hechos 11:16). Sin embargo, Juan no mencionó de ninguna manera una señal física inicial que confirmara el bautismo.

Es notable que la Biblia no nos dice ni una sola vez que Jesucristo, a quien el Padre dio el Espíritu sin medida (Juan 3:34), haya hablado en lengua que no fuera la lengua natural aramea de Palestina.

Más que cualquiera otra persona en el Nuevo Testamento, Jesús formuló la doctrina definitiva respecto al Espíritu Santo en sus discursos acerca del Paracleto en la última cena (Juan 14:16). Sin embargo no hizo una sola mención de señal lingüística alguna que sirviera de confirmación. Ninguna doctrina puede considerarse, esencial, y ni siquiera importante, en la cristiandad que no tenga sus raíces en las enseñanzas personales de Jesucristo.

Por lo menos en una ocasión, los discípulos le rogaron a Jesús que les enseñara a orar (Lucas 11:1). Su respuesta no contiene nada respecto a una "lengua de oración" que pudiera expresar sus deseos a Dios mejor que su habla ordinaria. El les enseñó a orar en las palabras claras, lúcidas y absolutamente comprensibles del Padrenuestro (vv. 2-4).

La única referencia a nuevas lenguas en el Evangelio de Marcos se encuentra en una sección que no se halla en los manuscritos más antiguos y acertados (16:9-20). Aun así, las nuevas lenguas no se refieren al bautismo con el Espíritu. Se refieren a una de las señales generales que "acompañarán a los que creen", una lista que incluye tomar serpientes en las manos y beber algo venenoso sin daño. Las palabras "los que creen", relacionan este pasaje a la fe en la salvación y no específicamente al bautismo con el Espíritu. Además, es justo notar que "nuevas lenguas" no significa necesariamente "lenguas desconocidas".

Debe admitirse que el "argumento del silencio" no es totalmente conclusivo. Pero tampoco carece de importancia. Si Jesús, con su ejemplo y con sus enseñanzas recalcó el bautismo o la plenitud del Espíritu sin decir palabra alguna respecto a otros idiomas o lenguas, es inconcebible que éstos sean la única evidencia inicial y física de ese bautismo, ni que sean esenciales a la piedad cristiana. Todo aquello que es de grande importancia para la fe y la vida cristianas, está notable y consistentemente presente a través de las Escrituras y definitivamente en las enseñanzas de Jesús.

IV. Evidencia Directa

La evidencia directa concerniente a la glosolalia se encuentra en dos libros: Hechos y 1 Corintios.

1. En el libro de Los Hechos

El libro de Los Hechos es un relato de la experiencia de la iglesia primitiva, tanto al principio de la época del Espíritu Santo, como en su desarrollo posterior.

A veces se da la impresión que el hablar en lenguas era un fenómeno universal en los primeros días de la cristiandad. Un examen detenido del libro de Los Hechos revela solamente tres instancias de hablar en lenguajes que la persona involucrada no había aprendido, y éstas estuvieron muy separadas temporal y geográficamente. La primera fue en el primer Pentecostés cristiano (Hechos 2). La segunda ocurrió cinco años más tarde en Cesarea (Hechos 10). La tercera fue en Efeso, diecinueve años más tarde. Cuando menos podemos decir que el relato histórico no demuestra que hubiera ni una práctica esparcida ni interés especial en hablar en otros lenguajes.

Aquí es importante notar otro punto de la cronología del Nuevo Testamento. Aunque leemos primero el libro de Los Hechos, la Primera Epístola a los Corintios fue escrita alrededor de ocho o nueve años *antes* de Hechos. Lucas fue el autor de Los Hechos, y por años fue el compañero y "médico amado" del apóstol Pablo. Cabe poca duda de que él fuera la persona enviada por Pablo como se menciona en 2 Corintios 8:18. Es seguro que tanto su asociación cercana con Pablo, como su conocimiento directo de la iglesia en Corinto, le familiarizaron con las condiciones descritas en 1 Corintios 14 respecto a la práctica de hablar en lenguas.

A la luz de todo esto, la descripción que Lucas da de los lenguajes en el Día de Pentecostés tiene una importancia decisiva. En Hechos 2, Lucas da una cuidadosa lista de los lenguajes hablados por los recién bautizados con el Espíritu Santo (vv. 9-11). El evangelista menciona dos veces el asombro de la multitud congregada de que "cada uno" oyera "hablar en nuestra lengua en la que hemos nacido" (v. 8). Y repite: "Les oímos hablar de las maravillas de Dios en nuestras lenguas" (v. 11). Es muy posible que esta sea la manera de Lucas de decirles a todos los que pudieran haber oído del fenómeno en Corinto: "Esto es lo que el don de lenguajes del Nuevo Testamento verdaderamente es."

En todo caso, no hay duda acerca de la naturaleza del fenómeno del Pentecostés en Jerusalén. Fue la capacidad inspirada por el Espíritu de contar las obras maravillosas de Dios en lenguajes que los apóstoles no habían aprendido, pero que eran comprendidos perfectamente por personas que sí hablaban esos lenguajes.

Pero, ¿en qué consistió el milagro de lenguajes en Pentecostés? ¿en hablar esos idiomas no aprendidos, o en oír en esos lenguajes lo que se estaban diciendo? Ciertamente, Lucas parece decir que los discípulos estaban hablando los lenguajes y los dialectos de las regiones que menciona. Pero sea que fuera milagro de oír o de hablar, seguramente fue un gran milagro de comunicación. Hubo deliberaciones que fueron entendidas por los oyentes sin interpretación alguna.

No hubo, por lo tanto, lenguas o lenguajes *desconocidos* en el Día de Pentecostés. El hecho es que el don que se otorgó en esa ocasión fue dado precisamente para evitar que hubiera lenguas desconocidas. El lenguaje materno de los discípulos galileos (Hechos 2:7) era una forma del arameo con un acento que se reconocía fácilmente a través de Palestina (Mateo 26:73). Pero los de Partia, de Media, de Elam, de Mesopotamia, de Judea, de Capadocia, del Ponto y de Asia, de Frigia y Panfilia, de Egipto y de los lugares de Africa, que están más allá de Cirene, de Creta, Roma y Arabia, todos oyeron en *su* propio lenguaje o dialecto. Si los discípulos hubieran hablado en *su* propio lenguaje materno, hubieran usado un lenguaje extraño para muchos en esa multitud cosmopolita.

No hay indicación en el libro de Los Hechos que el don que fue dado en Pentecostés haya sido una capacidad permanente para la extensión misionera. Sí era una señal. No una señal a los creyentes de que habían sido llenos con el Espíritu, sino que era como dijo Pablo acerca de la práctica de lenguas en Corinto: "Son . . . señal . . . a los incrédulos" (1 Corintios 14:22), de que el evangelio anunciado allí era, en verdad, para todas las personas, en todas partes, cualesquiera que fueran sus idiomas.

Aquí estaba un testimonio elocuente de que Dios estaba revocando el resultado de aquella soberbia pecaminosa del hombre en Babel. Era una señal para todas las edades de que Cristo y su evangelio estaban derrumbando las barreras entre las naciones. Era un testimonio extraordinario de la universalidad del mensaje evangélico a los hombres de toda lengua y de toda región.

Si hoy día, como se han informado, hay casos de personas que en realidad hablan otros lenguajes, no habría razón de negar que sea obra de Dios. Pero el lenguaje que no pueden comprender ni el que lo habla, ni los demás, a menos que alguien tenga el don paralelo de la interpretación, dista mucho del milagro del Pentecostés. El identificar los lenguajes del Pentecostés con las "lenguas desconocidas", es abusar tanto de la razón como de las Escrituras y sólo puede resultar en una confusión completa.

Los otros dos casos en Los Hechos de los Apóstoles donde los creyentes hablaron otros lenguajes no son descritos detalladamente (Hechos 10,19). No habría por qué suponer que el fenómeno fuera diferente del que hallamos en Hechos 2. En el caso de Cornelio, los discípulos que estaban con Pedro, de acuerdo a la expresión literal del Nuevo Testamento griego, "les oyeron hablando lenguajes y glorificando a Dios" (Hechos 10:46), con la implicación de que se les entendió. De igual manera los discípulos de Efeso "hablaron lenguajes y profetizaron" (Hechos 19:6, traducción literal del griego), y aquí también hay la implicación de que fue reconocido lo que se dijo.

Verdaderamente, en el caso de Cornelio, si el don lingüístico fuera en alguna manera una evidencia del bautismo con el Espíritu Santo, es inexplicable que Pedro haya guardado silencio acerca de ello en las dos ocasiones en que relató lo ocurrido (Hechos 11 y 15). Lo que se disputaba cuando Pedro dio su informe a la iglesia en Jerusalén (Hechos 11), y más tarde al concilio en Jerusalén (Hechos 15), era si los gentiles en verdad habían recibido la plenitud del Espíritu. Pedro sólo hubiera tenido que mencionar el fenómeno lingüístico para convencerlos, si en verdad las lenguas eran una evidencia. Pero Pedro no lo mencionó sino que más bien basó su argumento en el hecho de que el Espíritu Santo había purificado "también sus corazones por la fe" (Hechos 15: 8-9).

Debemos notar que los tres casos del uso de lenguajes que encontramos en el libro de Los Hechos ocurrieron en épocas de transición críticas en el avance de la promulgación del evangelio.

1. En el Pentecostés, el evangelio surgió más allá de los límites del judaísmo palestino hasta alcanzar a hombres devotos dispersos por toda la región mediterránea.

2. En Cesarea, el evangelio avanzó más allá del círculo de la primogenitura judaica hasta incluir a los gentiles prosélitos.

3. En Efeso, el evangelio rebasó todos los límites raciales, o las previas conexiones con el judaísmo e incluyó a los que habían salido del más absoluto paganismo al creer en Jesucristo.

En cada uno de estos casos, hubo personas de diferentes naciones y lenguajes presentes. El hablar en otros lenguajes era la señal más natural y patente de que había ocurrido un avance espiritual de importancia.

La evidencia del libro de Los Hechos no está completa hasta que se hayan considerado los muchos casos en los que hay referencias a la plenitud del Espíritu, o a recibir el Espíritu, pero sin que haya mención directa o indirecta de hablar en lenguas o idiomas. Estas referencias incluyen: Hechos 1:5, 8; 4:8, 31; 5:32; 6:3, 5; 8:15, 17-19; 9:17; 11:15-16, 24; 13:9, 52; y 15:8.

2. Las lenguas en Corinto

Cuando pasamos de Los Hechos de los Apóstoles a la correspondencia de Pablo a los corintios, inmediatamente nos encontramos con dificultades de interpretación. No hay duda razonable respecto al uso de lenguajes extranjeros en situaciones en que fueron reconocidos y entendidos sin necesidad de interpretación alguna. En todo esto no había ni rasgos de alguna lengua desconocida que no comprenden ni el que la habla ni el que la oye, a menos que éste tenga el *carisma*, o don, paralelo de interpretación. Es digno de atención que los vocablos *carisma* y *carismata* no aparecen en el libro de Los Hechos.

El Nuevo Testamento relata abusos del don de lenguas solamente en Corinto. Como ya hemos visto, la lista de *carismata* del Espíritu Santo que Pablo pone en el capítulo 12 de Romanos no incluye el hablar en lenguas. Tampoco lo menciona ningún otro escritor del Nuevo Testamento.

Esto mismo crea problemas de interpretación. Como hemos visto, la iglesia en Corinto tenía muchos problemas serios. Era la menos ejemplar de todas las iglesias descritas en el Nuevo Testamento, aun incluyendo las iglesias de Galacia. Sin embargo, sólo en Corinto hay indicaciones de la existencia de hablar en lenguas.

Un segundo problema de la interpretación de estos datos se encuentra en la divergencia de opinión, honda y casi completa, entre eruditos bíblicos de igual habilidad y devoción, sobre qué estaba ocurriendo en Corinto.

Una de las interpretaciones principales es que los lenguajes de Corinto eran como los que fueron hablados en Jerusalén: idiomas humanos hablados bajo la inspiración directa e inmediata del Espíritu Santo. Si bien estos lenguajes no siempre fueron entendidos en Corinto, hubieran sido inteligibles para la persona que hablara esos lenguajes.

Los eruditos que sostienen este punto de vista dicen que exactamente tal como debemos interpretar el simbolismo del Apocalipsis a la luz de lo que se dice claramente en los Evangelios y las Epístolas en vez de viceversa, así debiéramos interpretar 1 Corintios, y especialmente su capítulo 14, a la luz de Hechos 2 y no viceversa.

La otra interpretación principal, que se ha aceptado extensamente en este siglo, es que las lenguas de Corinto eran expresiones extáticas, sin significado alguno ni para quien las hablaba ni para los oyentes, a menos que hubiera un don correspondiente de la interpretación.

Los eruditos liberales que interpretan las lenguas de Corinto como verdaderamente "desconocidas", lo hacen basados en su opinión de que los cristianos corintios habían traído a la iglesia las prácticas que habían observado o experimentado en algunas de las religiones misteriosas del primer siglo, en las que se hablaba en lenguas desconocidas. A la vez, un buen número de eruditos conservadores, tanto dentro como fuera del círculo de la práctica pentecostal, consideran las lenguas como un don genuino del Espíritu Santo.

Parte de esta diferencia de opinión sobre lo que realmente aconteció en Corinto surge de la posibilidad de que allí hayan habido ambos, lenguas desconocidas y lenguajes extranjeros. Esto se sugiere a base de la diferencia de tono y terminología entre los capítulos 12 y 14, y también por el tacto de Pablo en el capítulo 14, al tratar una situación que él evidentemente consideraba problemática.

En 1 Corintios 12:1, Pablo anuncia su intención de tratar el amplio tema de la *pneumatika*, vocablo cuyo distintivo significado está oculto si se traduce "dones espirituales", como hace la versión de Cipriano de Valera, o "las capacidades que el Espíritu da a cada uno" como dice la Versión Popular, como si tuviera un significado equivalente a *carismata*. *Pneumatika* significa literalmente "espirituales" o fenómenos espirituales. La referencia inmediata (vv. 2-3) al culto o adoración gentil de ídolos mudos, y la posibilidad de que una persona bajo el dominio de un espíritu que no fuera el Espíritu Santo pudiera maldecir a Jesús, indica que *pneumatika* incluía dones verdaderos y falsos.

A través del resto del capítulo 12, Pablo trata teológicamente con todo el rango de las *carismata* más espectaculares, como si fueran verdaderos dones del Espíritu (vv. 4-31). Su énfasis, como ya hemos visto, está en la diversidad de los dones y la unidad de su fuente y sus resultados.

Los cristianos deben procurar recibir de Dios "los mejores dones" (v. 31) "mas" dice Pablo, "yo os muestro un camino aun más excelente". Ese "camino aun más excelente" es más que una mera transición entre el capítulo 12 y el 14. Es la regla y la prueba del amor por el cual tiene que ser juzgado todo lo que se logra y cada don que se dice tener.

Pablo aplica la prueba del amor a cuatro de los dones que él nombró en el capítulo 12. Empieza con el último y el más controversial: el de las lenguas. Incluye también la profecía, el conocimiento y la fe. Además, compara el entendimiento de todos los misterios, la liberalidad llevada hasta los extremos imaginables, y aún el martirio mismo, con la excelencia sobrepujante del amor (13:1-3). Sea que se trate de seudo-dones, o de dones verdaderos con los que se queda la persona después de perder la gracia, todos ellos pueden ser poseídos y utilizados sin la presencia del Espíritu Santo. Pero ". . . el amor de Dios ha sido derramado en nuestros corazones por el Espíritu Santo que nos fue dado" (Romanos 5:5). El que no tiene amor no posee el Espíritu Santo.

Solamente el amor nunca falla. Una vez más, Pablo escoge tres de las *carismata* para indicar que su función es, a lo sumo un valor humano transitorio. Las profecías fallarán; las lenguas callarán; y el conocimiento se desvanecerá (v. 8). El conocimiento y la profecía representan lo incompleto. Cuando se haya alcanzado lo completo, lo parcial dejará de ser. El habla y el entendimiento del niño ceden paso a la madurez del adulto (vv. 9-11). Lo mejor que podemos hacer es ver las cosas a través de un cristal que tiende a alterar la realidad. Pero vendrá un tiempo cuando todas las alteraciones pasarán y "veremos todo claramente" y conoceremos

como somos conocidos (v. 12). Quedan tres valores tras-
cendentales: la fe, la esperanza y el amor. "Pero el mayor de
ellos es el amor" (v. 13).

V. 1 Corintios 14

El fundamento teológico está plantado firmemente y se
ha anunciado el principio: todo debe juzgarse a la luz del
tierno amor de Dios en 1 Corintios 12 y 13. Ahora Pablo se
enfrenta a ciertos problemas prácticos que él ve en la iglesia
de Corinto.

En 1 Corintios 14, el Apóstol se enfrenta en su capacidad de administrador, a uno de los asuntos críticos de una
iglesia enfermiza. Es necesario reconocer que se dedicó todo
un capítulo a la glosolalia, no porque fuera de tanta bendición sino porque era un problema de tal gravedad.

1. Diferencias entre dos capítulos

Hay diferencias notables entre los capítulos 12 y 14. En
primer lugar el vocablo *carismata* que se usó cinco veces
en el capítulo 12, no aparece en el 14. En lugar de eso, Pablo
vuelve al vocablo *pneumatika*, término inclusivo con el que
empezó la discusión (12:1 y 14:1) y que incluye manifestaciones tanto verdaderas como falsas.

Segundo, el Espíritu Santo, a quien se menciona diez
veces en el capítulo 12, no es mencionado ni una vez en el
14. Nótese que el *espíritu* que se menciona en los versículos
14, 15, y 16, es escrito correctamente con letra minúscula, y
el uso de la mayúscula en 14:2 no tiene justificación pues
aquí no se alude al Espíritu Santo.

Tercero, la palabra *desconocida* respecto a lenguas no
aparece aquí en el Nuevo Testamento griego. Nótese que en
la versión de Cipriano de Valera aparece en letra bastardilla
para denotar que fue agregada por los traductores aunque no
aparecía su equivalente en el original. Hay mucha razón para
creer que el adjetivo "extraña" (v. 4) como usa la revisión
reciente (1960) es más adecuada.

Cuarto, lo que estaba pasando en Corinto, fuese lo que
fuese, a Pablo no le complacía. El no escribió para estimular

lo que pasaba sino para corregirlo. El Apóstol establece restricciones que jamás le habría impuesto a una manifestación directa e inmediata del Espíritu Santo.

Es posible que nuestra falta de comprensión del capítulo 14 se deba a que Pablo sabía que en Corinto había lenguajes y también lenguas. Algunos estaban hablando en los cultos usando lenguajes que serían comprendidos si personas educadas venían entre ellos. Tres veces se habla de las personas que no podrían comprender, y se les llama "simple" o "indoctos" y esto parece confirmar esa idea (vv. 16; 23-24). Otros quizás estaban expresando oralmente emociones religiosas sin comprenderlas ellos mismos, ni ser comprendidos a menos que hubiera quien interpretara.

Es tan erróneo recomendar el capítulo 14 de Corintios como una pauta para las devociones cristianas normales, públicas o particulares, como sería postular el capítulo 7 de Romanos como la norma de la vida cristiana. La norma para las devociones cristianas se encuentra en 1 Corintios 13, así como la norma para la experiencia cristiana se encuentra en Romanos 8.

2. ¿Lenguajes desconocidos o extraños?

La evidencia que tenemos en la Biblia es demasiado escasa y en ciertas partes muy ambigua para permitirnos el lujo de ser excesivamente dogmáticos acerca de las pronunciaciones de Corinto, y decidir si eran en verdad lenguas desconocidas o lenguajes extraños. Sin embargo, es posible leer todo el capítulo 14 como si se tratara de lenguajes extranjeros en lugar de lenguas desconocidas.

A través del capítulo 14 el contexto es el culto de adoración de un grupo específico. Cuando en tal grupo, alguien habla en un lenguaje extraño, nadie de los presentes le comprende y entonces él habla solamente a Dios, "aunque en espíritu hable misterios" (v. 2). Nótese que aquí, "espíritu" no tiene el artículo definido *el* y no se refiere al Espíritu Santo. En Colosenses 1:36, "misterio" significa las verdades que han sido reveladas en el evangelio.

El que habla misterios (lo que Dios le ha comunicado) se edifica a sí mismo (v. 4), lo que no podría decirse de la persona que expresa lo que él mismo no comprende.

Cuando Pablo dice: "Así que, quisiera que todos vosotros hablaseis en lenguas, pero más que profetizaseis . . ." (o sea, que dieseis a los hombres mensajes de edificación, exhortación y consuelo), no se está retractando de lo que escribió en 12:30, que reza: "¿Hablan todos lenguas?" No se está contradiciendo sino que está usando (v. 5) una forma de hacer comparación (muy usada en el Nuevo Testamento) y que consiste en expresar dos alternativas como absolutas. Nótese que Jesús usó esta forma, por ejemplo en Juan 6:27 que dice: "Trabajad, no por la comida que perece, sino por la comida que a vida eterna permanece . . ." El Señor no estaba prohibiendo el trabajo para ganarnos la comida cotidiana. Simplemente estaba expresando en una escala comparativa de valores, el valor mayor del alimento espiritual que el físico. En otra ocasión Pablo le dijo a Timoteo: "Ya no bebas agua, sino usa de un poco de vino por causa de . . . tus frecuentes enfermedades . . ." (1 Timoteo 5:23). Pablo no estaba prohibiendo el uso del agua. Estaba comparando, en el caso de Timoteo, el uso de agua que entonces frecuentemente era impura.

Puesto que el hablar en lenguas comprensibles es esencial para el provecho de los que escuchan, Pablo recalca el valor sobresaliente de "palabras bien comprensibles" (vv. 6-9). Hay, por cierto, "tantas clases de idiomas en el mundo" (v. 10). Pablo dice: "Pero si yo ignoro el valor de las palabras, seré como extranjero para el que habla, y el que habla será como extranjero para mí" (v. 11).

Puesto que los corintios anhelan celosamente tener *pneumatika*, les convendría buscar en todo la edificación de la iglesia. Los que hablan lenguajes que no son generalmente comprendidos, deben orar para poder interpretar o traducirlos para los otros. Es frecuente el caso de que una persona que habla bien un idioma encuentre difícil expresarse en otro.

65

Los versículos 14 y 15 han sido la fuente de mucha "mitología". Algunos han creído que Pablo dijo: "Si yo oro en una lengua desconocida, mi espíritu ora, pero mi mente no comprende lo que digo." Esto es creer que la palabra griega *akarpos* que traducimos "sin fruto" significa "no comprender", o "no entender". La Versión Popular lo traduce: ". . . no estoy sacando provecho con mi entendimiento . . .", pero esto no es lo que la palabra significa. *Akarpos* quiere decir: "sin fruto", o "que no le da nada a otros".[3] Kenneth Wuest traduce la frase: "Mi intelecto no confiere provecho alguno a otros."[4] No es que el que habla en lenguaje extraño no comprenda lo que dice. Más bien, el hecho de que él entienda no le sirve de provecho alguno a nadie más.

Por lo tanto, Pablo escribió: "¿Qué, pues? Oraré con el espíritu, pero oraré también con el entendimiento; cantaré con el espíritu, pero cantaré también con el entendimiento" (v. 15). En este contexto tales palabras sólo pueden significar: "Siempre que yo ore o cante, será en palabras que puedan ser entendidas."

El entendimiento típico de los que se dicen ser "carismáticos" de los versículos 14-15 presupone una separación entre *nous* (la mente o el entendimiento), y *pneuma* (el espíritu o alma), que no tiene base en las Escrituras. La mente y el espíritu no se presentan en la Biblia como funciones separables. La *psiquis* humana es una unidad indivisible. "Espíritu, alma y cuerpo" (1 Tesalonicenses 5:23) y "corazón", "alma", "mente", y "fuerza" (Marcos 12:30) son expresiones de totalidad o entereza, no catálogos de partes o funciones separables.

Tampoco obra el Espíritu Santo en el hombre aparte de su *nous* o mente. Es la mente controlada por el Espíritu la que lleva a la "vida y paz" (Romanos 8:6). Es "por la renovación de vuestro entendimiento" (Romanos 12:2) y "en el espíritu de vuestra mente" (Efesios 4:23) que se lleva a cabo la obra transformadora del Espíritu Santo. El blanco a cuya altura aspira todo cristiano es que "haya, pues, en vosotros este sentir que hubo también en Cristo Jesús" (Filipenses

2:5). El Espíritu Santo es el Espíritu "... de poder, de amor y de dominio propio" (2 Timoteo 1:7).

El interés de Pablo respecto al uso de palabras inteligibles es que cualquiera persona que pueda estar en las reuniones de los cristianos en Corinto, y que sea "indocta", pueda, sin embargo decir "amén" de lo que oye. El Apóstol vuelve a usar esta palabra ("indocta") en los versos 23 y 24 de 1 Corintios 14. La Versión Popular lo expresa así: "Entonces, cuando toda la iglesia se encuentra reunida, si todos están hablando en lenguas y entran algunos que son incultos o que no creen, ¿no van a decir que ustedes se han vuelto locos? Pero si todos están comunicando mensajes recibidos de Dios, y entra alguno que no es creyente o que es inculto, se va a convencer de su pecado y él mismo se va a examinar, al oír lo que todos están diciendo."

Parece evidente que hay sólo una razón por la cual se señaló de esta manera a los incultos o indoctos, y es que una persona educada podría por lo menos identificar uno o más de los lenguajes usados. Tanto los creyentes educados como los incrédulos necesitan escuchar la profecía (que Pablo mismo aclara, significa el hablar "a los hombres para [su] edificación, exhortación y consolación" v. 3), y no hablar palabras desconocidas. Tales personas no aprovecharían nada y los incrédulos llegarían a concluir que los cristianos estaban locos, si los oyeran hablar palabras incomprensibles.

Otro versículo de este capítulo que se ha traducido de manera que causa confusión es el 18, que dice: "Doy gracias a Dios que hablo en lenguas más que todos vosotros." Una traducción que daría mejor el sentido del griego original sería: "Doy gracias a Dios que hablo más lenguajes que todos ustedes." Pablo aquí usa precisamente la misma palabra, *mallon* que se traduce "más", en Gálatas 4:27:

Regocíjate, oh estéril, tú que no das a luz;
prorrumpe en júbilo y clama, tú que no tienes
*   dolores de parto;*

porque más son los hijos de la desolada, que
de la que tiene marido.

Aquí el sentido de más es "mayor en número" y no mayor en "grado".

Aunque Pablo sabía bien varios lenguajes dijo: "Pero en la iglesia prefiero hablar cinco palabras con mi entendimiento, para enseñar también a otros, que diez mil palabras en lengua desconocida" (v. 19).

En este capítulo hay una clara referencia a los lenguajes humanos. "En la ley está escrito: En *otras* lenguas *(heterais glossais*, exactamente los vocablos griegos en Hechos 2:4) y con otros labios . . ." (v. 21). Tanto Isaías 28:11-12 que es lo que Pablo cita aquí, como Hechos 2:4, muestran que estas lenguas eran lenguajes no comunes en Palestina pero ciertamente no eran "desconocidos". El pasaje de Isaías se refiere a la conquista de la tierra por los asirios y los babilonios. El pueblo se había negado a escuchar a sus profetas que les hablaban en los idiomas que ellos podían escuchar. Por lo tanto, escucharían la palabra de juicio por boca y en el idioma de sus conquistadores, idioma que ellos no conocían.

Pablo prosigue: "Así que, las lenguas son por señal, no a los creyentes, sino a los incrédulos; pero la profecía, no a los incrédulos, sino a los creyentes" (v. 22). Como vimos al estudiar Hechos 2, el declarar el evangelio en lenguajes desconocidos no tiene valor alguno como una señal para los creyentes de que son llenos del Espíritu Santo. Es más bien una señal para los que no creen, de que el evangelio es para ellos, y no sólo para quienes les han traído la Palabra y cuyo idioma es un idioma extranjero. El hacer, o considerar, que hablar en lenguas sea la evidencia a los creyentes del bautismo con el Espíritu es darle el sentido precisamente contrario a lo que dijo Pablo.

El Apóstol también aclara que esta práctica de hablar en lenguas que estaba causando tantos problemas en la iglesia de los corintios no era necesariamente la inspiración inmediata del Espíritu Santo. Sería difícil creer que el Apóstol se atreviera a limitar o prohibir la expresión del Espíritu Santo. Pero en vez de ello, Pablo dice: "Y los espíritus de los profetas están sujetos a los profetas" (v. 32). Lo que tiene origen en el espíritu humano debe ser controlado por el espíritu humano, "pues Dios no es Dios de confusión . . ." (v. 33).

Ha recibido mucha atención el mandato de Pablo en la traducción común del verso 39, que reza: "Así que, hermanos, procurad profetizar, y no impidáis el hablar lenguas." Sin embargo, Pablo sí prohibe el hablar en lenguas (o en idiomas desconocidos) si dos, o a lo más tres, ya han hablado (v. 27), si no hay intérprete presente (v. 28), o si la persona que quiere hablar es mujer (v. 34).

Parece, por lo tanto, que la traducción de las palabras de Pablo en el verso 39 es errónea. Tal como está, se encuentra en contradicción casi directa y completa de todo lo que se había dicho. El hecho es que nadie en Corinto estaba dispuesto a prohibir el uso de lenguajes extraños. Parece que era más bien un motivo de orgullo entre esos cristianos tiernos. La palabra que se ha traducido *impidáis*, normalmente quería decir *prevenir*, o *poner obstáculos*. Una traducción que daría unidad de sentido a todo el pasaje es: "Por lo tanto, hermanos míos estad listos a profetizar y no pongáis obstáculos al hablar en lenguas: todo debe hacerse decentemente y con orden" (vv. 39-40).[5]

Podría decirse mucho más, pero cuando menos debe ya ser evidente que no hay nada en el Nuevo Testamento que justifique la doctrina de que hablar en lenguas desconocidas sea la evidencia esencial, inicial y física del bautismo con el Espíritu. También debiera ser evidente que hay poco que justifique el énfasis exagerado que muchos ponen en la glosolalia hoy día.

En cierto sentido el conocimiento, la profecía y los lenguajes dejarían de ser (1 Corintios 13:8-10). Muchos eruditos creen que esto quiere decir que al completarse el Nuevo Testamento ya no se necesitarían estos dones del Espíritu.

Es, sin embargo, muy posible que haya dones genuinos de lenguaje hoy día como los ha habido en otras épocas de la historia de la iglesia. Por todo el mundo, hay misioneros que cuentan las obras maravillosas de Dios en los lenguajes de sus oyentes. Estos misioneros no obtuvieron estas lenguas en un rapto instantáneo de inspiración. Pero en centenares de casos han podido comunicar el evangelio mucho más pronto y con más eficacia de lo que se esperaría si sólo hubieran tenido estudios o talentos humanos.

El hecho es que la mayoría de los dones en ambas listas, la de Romanos, y la de Corintios, están relacionados a las habilidades humanas. Están sujetos a su desarrollo y crecimiento bajo el poder del Santo Espíritu. Es rarísimo que la capacidad de hablar a los hombres para hacerlos crecer espiritualmente, para exhortarlos y para consolarlos ("la palabra de sabiduría" y "la palabra de conocimiento") nos sea dada instantánea y completamente desarrollada. Servir, enseñar, estimular, dar o compartir, y dirigir, todos éstos incluyen habilidades adquiridas tanto como poderes impartidos divinamente.

Aun algunos milagros de sanidad divina son casos, a menudo, en que el proceso sanador se acorta maravillosamente. No siempre son instantáneos. Nos pasa como el caso del muchacho de quien dicen los evangelios: "Desde esa hora empezó a sanar." Había pasado la crisis. Había empezado la sanidad.

Dios es el Dios de lo sobrenatural. Pero no siempre viene por medio del terremoto, el trueno o los relámpagos. A menudo, viene por medio de una voz de silbo apacible y delicado. Es tan importante reconocerle cuando viene en el terremoto, el trueno, o el relámpago como cuando viene por la voz de silbo apacible y delicado.

6

Los Dones y
el Fruto

Hay que considerar un punto más. Puesto que los dones para el servicio son tan importantes para la vitalidad del cuerpo (la iglesia), y porque son dones del Espíritu Santo, hay una tendencia de considerar los dones como medidas de la espiritualidad.

El apóstol Pablo hace distinciones entre el hombre "natural", el hombre "carnal", y el hombre "espiritual" (1 Corintios 2:14—3:3). El hombre natural carece por completo de vida espiritual: "no percibe las cosas que son del Espíritu de Dios, porque para él son locura" (1 Corintios 2:14). Está "muerto(s) . . . en vuestro(s) delito(s) y pecado(s)" (Efesios 2:1). Los "carnales" son niños en la fe cuya vida personal y en la iglesia están dañadas por celos y riñas (1 Corintios 3:3).

El hombre espiritual es todo lo contrario: representa la cristiandad en su norma nuevotestamentaria. Entiende y discierne las cosas del Espíritu. Vive la vida no tan sólo a base del juicio humano, sino de acuerdo con la mente de Cristo (1 Corintios 2:14-15). Así es la persona que ha hecho suya la promesa de Jesús: "Si me amáis, guardad mis mandamientos. Y yo rogaré al Padre, y os dará otro Consolador, para que esté con vosotros para siempre: el Espíritu de verdad, al cual el mundo no puede recibir, porque no le ve, ni le conoce; pero vosotros le conocéis, porque mora con vosotros, y estará en vosotros" (Juan 14:15-17). Esta promesa, como ya hemos visto, es tanto personal como dispensacional, puesto que cuando Jesús pidió el Consolador al

Padre, dijo: "Mas no ruego solamente por éstos, sino también por los que han de creer en mí por la palabra de ellos" (Juan 17:20).

Pero, ¿cuáles son las marcas del cristiano espiritual? ¿Hay alguna medida de espiritualidad en el Nuevo Testamento? Si la hay, ¿se encuentra en uno o aun en varios de los dones para el servicio cristiano?

Las respuestas son: Sí, hay en efecto características y medidas de la vitalidad espiritual en el Nuevo Testamento. Pero, no, el criterio de la espiritualidad no se basa en uno, ni en muchos de los dones del Espíritu Santo. Se encuentra en las enseñanzas en el Nuevo Testamento respecto a cómo es el Espíritu Santo y en lo que Pablo llamó "el fruto del Espíritu".

I. Semejantes al Espíritu

Cuando el Nuevo Testamento dice "espiritual", la palabra es literalmente "ser como el Espíritu" *(pneumatikos).* Tiene que ver con la actitud, el genio, las cualidades del carácter, y con los móviles, todos acondicionados por la presencia moradora del Santo Espíritu. El cristiano espiritual todavía es netamente humano. No puede alegar perfección de personalidad ni de acción. Su semejanza al Espíritu Santo está lejos de ser completa. Más bien la semejanza está creciendo y progresando. Pero la medida de la plenitud del Espíritu Santo es una semejanza creciente a El.

¿Cómo es el Espíritu Santo? Es descrito diversamente en la Biblia como el Espíritu de Cristo, de la santidad, de compasión, del amor y del buen juicio (Romanos 1:4; 8:9; 2 Timoteo 1:7). Pero la descripción del Espíritu Santo que es más expresiva se da en la promesa de Jesús que vimos en Juan 14:16: "Y yo rogaré al Padre, y os dará otro Consolador, para que esté con vosotros para siempre."

La verdad se destaca mucho más en el Nuevo Testamento griego que en el nuestro. En griego hay dos vocablos principales que expresan el concepto de "otro". *Heteros* quiere decir *otro de una clase diferente.* Por ejemplo hablamos de la doctrina falsa como "heterodoxia", o "doctrina de otra clase diferente". El segundo vocablo es *allos*. Quiere decir *otro de la misma clase*. Jesús dijo: "Yo rogaré al Padre, y os dará *allos parakletos*", otro Consolador, Ayudador, o Consejero, Uno de la misma clase, Uno como Yo, literalmente, "otro Jesús".

Cuando queremos saber cómo es Dios, miramos a Jesús. "El que me ha visto", dice Jesús "ha visto al Padre" (Juan 14:9). Exactamente en la misma manera, cuando queremos saber cómo es el Espíritu Santo, debemos también mirar a Jesús: "El Padre os dará Otro como Yo."

El significado es obvio. El cristiano espiritual es aquel que se parece a Cristo. La primera medida y el primer rasgo de la espiritualidad en el Nuevo Testamento es la semejanza a Cristo. Ninguna persona es verdaderamente espiritual si no se parece a Jesucristo. Crecer en espiritualidad significa aumentar en nuestra semejanza a El. "Más cual mi Cristo" significa ser más profundamente espiritual.

II. El Fruto del Espíritu

Este mismo concepto de la semejanza a Cristo adquiere nueva profundidad de sentido al considerar la lista de gracias que Pablo llama sencillamente "el fruto del Espíritu". Después de describir las obras de la carne, Pablo hace un notable contraste y escribe: "Mas el fruto del Espíritu es amor, gozo, paz, paciencia, benignidad, bondad, fe, mansedumbre, templanza . . ." (Gálatas 5:22-23).

Jesús mismo había subrayado la importancia del "fruto". El no sugirió nunca: "Por sus *dones* los conoceréis." Pero sí hizo dos veces la distinción entre lo verdadero y lo falso, diciendo: "Por sus frutos los conoceréis" (Mateo 7:16, 20). De igual modo que la parra produce uvas y la higuera, higos, el buen árbol produce buena fruta, y el árbol malo lleva fruta mala (véase vv. 16-18).

Jesús nunca sugirió que su Padre el Hortelano "corta toda rama" de la vid que no está dotada abundantemente de dones. Pero sí dijo: "Yo soy la vid verdadera, y mi Padre es el labrador. Todo pámpano que en mí no lleva fruto, lo quitará; y todo aquel que lleva fruto, lo limpiará, para que lleve más fruto . . . el que permanece en mí, y yo en él, éste lleva mucho fruto; porque separados de mí nada podéis hacer. El que en mí no permanece, será echado fuera como pámpano, y se secará; y los recogen, y los echan en el fuego, y arden" (Juan 15:1-6).

El fruto, pues, es el indicador decisivo de la calidad de la vida interior. "En esto es glorificado mi Padre, en que llevéis mucho fruto, y seáis así mis discípulos" (Juan 15:8). La calidad del fruto es lo que marca la calidad interior de la vida, y mucho fruto glorifica al Padre.

Pero la gramática del Apóstol en Gálatas 5:22-23 (especialmente en las versiones antiguas) es extraordinaria, pues él dice: "Mas el fruto del Espíritu *es*", y luego procede a hacer la lista de gracias o cualidades del carácter: "amor, gozo, paz, paciencia, benignidad, bondad, fe, mansedumbre, templanza." La forma gramatical de esa frase parece demandar que se diga: "Los frutos del Espíritu *son:* caridad", etc.

Hay dos posibles explicaciones de la forma que usó Pablo.

1. Un racimo indivisible

Es posible que el Apóstol esté diciendo que el fruto del Espíritu es un racimo indivisible de gracias que pertenecen unidas y que no se separan. No son cualidades separables ni gracias que se puedan dividir, es decir, cuando están presentes en una persona como resultado o fruto del Espíritu Santo.

Aquí está la diferencia notable entre el fruto del Espíritu y los dones del Espíritu. Como ya vimos, Pablo insiste repetidas veces en que el Espíritu Santo reparte los dones distintamente a diferentes personas así como las diferentes partes del cuerpo tienen distintas funciones (1 Corintios 12:7-11, 14-27, 29-30). El fruto del Espíritu es exactamente lo opuesto. No ocurre que un cristiano tenga la gracia del amor, mientras que otro tenga gozo; otro tenga paz; otro, la paciencia; otro, la benignidad, etc., aunque sí es cierto que las gracias se realizan de acuerdo con el carácter y el temperamento individuales. Más bien, en conjunto, amor, gozo, paz, paciencia, benignidad, bondad, fidelidad, mansedumbre, y templanza son, unidas e indivisibles, el fruto del Espíritu Santo.

2. Una descripción del amor que se semeja a Cristo

Hay otra explicación posible de la gramática de Gálatas 5:22-23. Se ve en la posibilidad de que Pablo haya querido decir: "El fruto del Espíritu es AMOR, amor gozoso, sereno, paciente, benigno, bueno, fiel, manso y templado." S. D. Gordon dijo una vez que el gozo es el amor cantando, la paz es el amor que descansa, la paciencia es el amor soportando, la benignidad es el amor que comparte, la bondad es el carácter del amor, la fidelidad es la costumbre del amor, la mansedumbre es el toque tierno del amor y la templanza es el amor que controla el timón.

Debe notarse que el contexto de cada lista de los dones para el servicio cristiano es la expresión del amor. Pedro dice: "Y ante todo, tened entre vosotros ferviente amor; porque el amor cubrirá multitud de pecados. Hospedaos los unos a los otros sin murmuraciones. Cada uno según el don que ha recibido, minístrelo a los otros, como buenos administradores de la multiforme gracia de Dios" (1 Pedro 4:8-10).

Inmediatamente después de dar su lista de los dones para el servicio cristiano en Romanos 12, Pablo añade: "El amor sea sin fingimiento . . . Amaos los unos a los otros con amor fraternal . . ." (vv. 9-10). En el capítulo siguiente, proclama el amor como el cumplimiento de la ley. Menciona lo que dicen los mandamientos y concluye: ". . . cualquier otro mandamiento, en esta sentencia se resume: Amarás a tu prójimo como a ti mismo" (13:9).

En su pasaje menos comprendido, el Apóstol recalca la importancia clave del amor, más que en cualquier otro pasaje. Concluye su discusión de las *carismata* en 1 Corintios 12 con estas palabras: " . . Mas yo os muestro un camino aun más excelente" (v. 31). Es su preludio al gran "Himno del Amor", en 1 Corintios 13. Aun el capítulo 14, con su comparación desfavorable entre hablar lenguas extrañas y hablar a otros "para edificación, exhortación y consolación" (v. 3), empieza con las palabras: "Seguid el amor; y procurad los dones espirituales, pero sobre todo que profeticéis" (v. 1).

Nada puede compensar por la falta de amor. "Si yo hablase lenguas humanas y angélicas, y no tengo amor, vengo a ser como metal que resuena, o címbalo que retiñe. Y si tuviese profecía, y entendiese todos los misterios y toda ciencia, y si tuviese toda la fe, de tal manera que trasladase los montes, y no tengo amor, nada soy. Y si repartiese todos mis bienes para dar de comer a los pobres, y si entregase mi cuerpo para ser quemado, y no tengo amor, de nada me sirve" (1 Corintios 13:1-3).

El usar la presencia o la ausencia de dones como la base para juzgar la espiritualidad de otro es abusar de los dones y no comprender en absoluto su propósito o su significado. El amor es el fruto y el amor es la medida, y ninguno de los dones ni todos los dones juntos significan nada en cuanto a la espiritualidad, si hace falta el amor.

¿Cómo puedo yo medir la dimensión espiritual de mi vida? Es solamente la medida en que manifiesto el amor de Dios, su amor gozoso, sereno, paciente, benigno, bueno, fiel, manso, y autocontrolado.

"El amor es sufrido, es benigno; el amor no tiene envidia, el amor no es jactancioso, no se envanece; no hace nada indebido, no busca lo suyo, no se irrita, no guarda rencor; no se goza de la injusticia, mas se goza de la verdad. Todo lo sufre, todo lo cree, todo lo espera, todo lo soporta. El amor nunca deja de ser; pero las profecías se acabarán, y cesarán las lenguas, y la ciencia acabará. Porque en parte conocemos, y en parte profetizamos; mas cuando venga lo perfecto, entonces lo que es en parte se acabará. Cuando yo era niño, hablaba como niño, pensaba como niño, juzgaba como niño; mas cuando ya fui hombre, dejé lo que era de niño. Ahora vemos por espejo, oscuramente; mas entonces veremos cara a cara. Ahora conozco en parte; pero entonces conoceré como fui conocido. Y ahora permanecen la fe, la esperanza y el amor, estos tres; pero el mayor de ellos es el amor'' (1 Corintios 13:4-13).

Notas Bibliográficas

Prólogo
1. Tomás de Kempis, *On the Imitation of Christ*, traducida por Richard Whitford (Filadelfia: John C. Winston, Cp., s. f.), 3:vi:116.

Capítulo 1. El Dador Mismo como Don
1. Daniel Steele, *The Gospel of the Comforter* (Chicago: The Christian Witness Co., 1917), pp. 26-31.
2. El significado literal de Hechos 11:17 es: "habiendo creído en el Señor Jesucristo", lo cual indica que los discípulos ya eran creyentes cuando recibieron la promesa del Padre. Además, la palabra "salvos" (Hechos 15:11) tal como se usa en el Nuevo Testamento, incluye más que la conversión inicial (véase 2 Tesalonicenses 2:13).

Capítulo 2. ¿Qué Son los Dones Espirituales?
1. Archibald M. Hunter, *Probing the New Testament* (Richmond, Va.: John Knox Press, 1971), p. 89.
2. H. Orton Wiley, *Christian Theology* (Kansas City, Mo.: Beacon Hill Press, 1941), 2:317.
3. *Ibid.*, p. 318.
4. *Report of the Special Committee on the Work of the Holy Spirit.* A la reunión número 182 de la Asamblea General de la Iglesia Presbiteriana Unida en los Estados Unidos de América (Filadelfia: Office of the General Assembly, 1970), p. 39.
5. Cf. Ray C. Stedman, *Body Life* (Glendale, Calif.: Regal Books, 1972).

Capítulo 3. La Lista en Romanos
1. Stephen F. Winward, *Teach Yourself to Pray* (Nueva York: Harper and Brothers Publishers, 1961), p. 54.
2. Citado por William Barclay in *Daily Celebration. Devotional Readings for Every Day of the Year* (Waco, Tex.: Word Books, Publisher, 1971), p. 236.
3. J. B. Chapman, *Herald of Holiness*, 15, no. 8 (19 de mayo de 1926):2.

Capítulo 4. La Lista en 1 Corintios
1. Peter Forsyth, *The Cure of Souls: An Anthology of P. T. Forsyth's Practical Writings*, ed. Harry Escott (Grand Rapids, Mich.: William B. Eerdmans Publishing Co., 1971), p. 95.
2. Paul Tillich, *The Eternal Now* (Nueva York: Charles Scribner's Sons, 1963), pp. 164-65.
3. Norman Snaith, *Hymns of the Temple* (Londres: SCM Press, Ltd., 1951), p. 82.

Capítulo 5. Los Dones y el Fruto
1. Cf. William J. Samarin, *Tongues of Men and Angels. The Religious Language of Pentecostalism* (Nueva York: The Macmillan Co., 1972), p. 65.
2. Vinson Synan, *The Holiness-Pentecostal Movement in the United States* (Grand Rapids, Mich.: William B. Eerdmans Publishing Co., 1971), p. 99, n.p. 12.
3. Marvin R. Vincent, *Word Studies in the New Testament* (Grand Rapids, Mich.: William B. Eerdmans Co., 1946), p. 269.
4. Kenneth Wuest, *The New Testament: An Expanded Translation* (Grand Rapids, Mich.: William B. Eerdmans Publishing co., 1961), *in loc.*
5. Cf. Harvey J. S. Blaney, *Speaking in Unknown Tongues: The Pauline Position* (Kansas City: Beacon Hill Press, 1973), pp. 20-21. Véase también el cuidadoso estudio del doctor Charles D. Isbell, intitulado "Glossolalia and Propheteialalia: A Study of 1 Corintios 14", *Wesleyan Theological Journal*, tomo 10 (1/75).

Índice

www.ingramcontent.com/pod-product-compliance
Lightning Source LLC
Chambersburg PA
CBHW021140020426
42331CB00005B/846